それ、パワハラです

何がアウトで、何がセーフか

笹山尚人

光文社新書

はじめに

拙著『人が壊れてゆく職場――自分を守るために何が必要か』（光文社新書、平成20年）を刊行してから、丸4年が経過した。刊行当時と同様、私は労働者の代理人を務める弁護士として、労働事件を取り扱う毎日を過ごしている。

前作を世に問うたとき、私は、働く者が「労働法を上手に使って」自分の生活と権利を守り、よりよい社会が実現されることを願っていた。しかし、それから4年の歳月が経過してみると、事態は残念ながら悪化の方向に動いているように感じられる。それどころか、4年前に比べると、職場における労働者の〝無権利状態〟はむしろ広がっているというのが実感だ。

事実、平成20年末には「派遣切り」が社会問題化し、従業員に対して劣悪な環境での労働を強いる「ブラック企業」という言葉も流行した。こうした社会状況の中で、私のもとには人を人とも思わぬ扱いを受け、精神疾患を発症して相談に訪れる労働者が急増した。いわゆる、「パワーハラスメント事例」の増加である。

日本には、厚生労働省が所管する労働局という役所が全国に設置されている。そこには日々、労働問題に関する様々な相談が寄せられる。その中で、「職場のいじめ・嫌がらせ」と分類される問題の相談件数は、平成20年度に3万件を超え、平成23年度には約4万6000件に達した。この数は、解雇に関する相談に次いで2番目に多い相談件数となっている。

このように、パワーハラスメント事例の増加は、現在、労働問題におけるメインテーマの一つとなっている。これは、労働問題に取り組む弁護士にとっても喫緊《きつきん》の課題だ。そこで私は「パワーハラスメント問題」に的を絞り、これまで取り組んできた事例をもとに、その実態、法律の状況、対抗手段とその限界といったことについて具体的に提起してみたいと考えた。本書は、そうした考えを形にしたものである。

私は、「労働法を上手に使う」ことが解決のための一つの方法であると確信している。これは、前作を書いたときの意識と変わらない。「派遣切り」も、「ブラック企業」も、そして「パワーハラスメント」も、経営者が労働法を守らず、正当に使用せず、正当に活用しないということが問題の原因の一つとなっている。であるならば、労働法を上手に活用することこそが、解決の一つの方策となるはずだ。

各章は、事例の紹介が中心となっている。その意味では、私の経験をもとにした「パワーハラスメントの事件簿」といった色合いが濃いかもしれない。しかし、パワーハラスメント問題の基本的な視点や考え方については第4章で整理した。第5章以降では、事例の紹介のほか、関連する法的知識についても、若干ではあるが言及しているので参考にしていただきたい。そして第9章では、パワーハラスメントに取り組む際の視点、方法、具体的なノウハウをまとめている。最後の第10章では、第9章を補足する形で、精神疾患を発症した場合の労働災害の認定に関する近年の実務の動向や注意点について述べた。

なお、本文中に記した法令は、いずれも平成24年6月末日現在のものである。

本書ではプライヴァシー等に配慮し、当事者名は仮称とし、話をわかりやすくするために事実を多少加工している。その点はあらかじめお断りしておきたい。ただ、前著と同様、日頃の活動に敬意を表する意味を込めて、弁護士名と、労働組合及びその活動家については実名で紹介している。

また、事例が和解で解決した場合の金額については一切公表していない。これは、パワーハラスメント事件が被害者にとっても加害者にとってもあまり公《おおやけ》にしたくない類《たぐい》の性質を帯びているため、和解での解決内容については「公開しない」という条項が設けられていることが多いからである。

『人が壊れてゆく職場』を著した後、編集部を通じてある手紙を受け取ったことがある。それは、本を参考にして、自分の子どもが抱えていた労働問題を行政の場で解決することができたという内容だった。一冊の本が、問題を抱えていた親子の役に立った――それだけで、本を書いた意味があったと本当に嬉しく思ったのを今でも鮮明に覚えている。

本書も、そんなふうに人の役に立ってくれることを心から願っている。パワーハラスメント問題に悩む人にとっての一助になれば、そして、労働法を使って働く者の権利の実現や生活改善につなげていくことに少しでも役に立てれば、著者としてこれ以上の喜びはない。

それ、パワハラです

目次

第 1 章

言葉の暴力

パワハラの典型例

「問題の言葉」が生まれるとき

パワーハラスメント（以下、「パワハラ」と表記）事件の相談で圧倒的に多いのは、「言葉の暴力を受けた。こんなときはどうすればいいのか」というものだ。上司や、その職場で発言力を持っている人から、「そんなことまで言われる筋合いはないよ！」といったような言葉を投げつけられて傷ついたとか、そうした言動が原因で、うつ病などの疾病を発症した、だから、その解決方法を探りたいという内容である。

相談者たちからの内容をよく聞いてみると、「問題の言葉」は、仕事と何の関係もなく発言されている場合は少なく、業務内容の指示や、過去に行われた業務についての叱責といった形をとって発言されている場合が多い。

つまり、「問題の言葉」は、形の上では「仕事の上で必要だったから」という装いをまとっているだけに厄介な問題をはらんでいる。〝言葉の暴力〟を受けた人が、「そこまで言うのはひどいんじゃないですか」と言っても、「仕事だから仕方ないだろ」と言われてしまえば、話はそれで済んでしまいかねない。だが、たとえ仕事上の発言であったとしても、人を傷つけるような発言は本当に「仕方のないこと」なのだろうか。

本章では、それを考えるためにI社事件を見てみよう。仕事中、上司が部下に対して「山に籠《こ》もって陶器でも焼いてろ」という言葉を投げつけた事件である。

I社事件：「おまえとは関わり合いを持ちたくない」

I社は、情報システムのコンサルティング、設計・開発、運用のサポートなどを行う中堅の会社である。

Mさんは、事件当時、20代半ばの女性。仕事内容は、情報システムの設計・開発といったI社の主力業務ではなく、間接部門だった。Mさんは、この業務に専従する契約で平成18年9月1日に入社した。

入社後、Mさんは直属の上司から理不尽なことで叱責されたり、批判されたりすることがたびたびあった。平成19年4月には上司が交代したが、その上司も、Mさんに対して唐突に怒鳴ったり、些細なことで叱責することが頻繁にあった。さらに同年5月以降、Mさんは上司からときどき呼び出され、「おまえとは一緒に仕事をしたくない」「おまえとは関わり合いを持ちたくない」といった発言を繰り返されるようになった。

Mさんは、おまえとは関わり合いを持ちたくないといった、仕事とは直接関係のないことまで言われ、徐々に精神的に追い込まれていった。

同年8月2日、上司はMさんに対し、「みんな、おまえとは一緒に仕事をしたくないと言っている。取引先に派遣の形で常駐して働くように」と、配置転換の指示をした。

しかし、Mさんはもともと、その部門の専従として採用されている。突然の配転話に納得のいかなかったMさんは、個人で加盟できる労働組合に相談・加入し、対応を依頼した。労働組合はI社に団体交渉を要求。8月10日、団体交渉が行われた。

組合はI社に対して、当初の契約内容と違うではないかと強く抗議し続けた。その結果、最初は抵抗していたI社は最終的に配転を撤回せざるを得なくなった。

「おまえは、頭がおかしい」「山に籠もって陶器でも焼いてろ」

これで一件落着となるはずが、話はここで終わらなかった。I社は配転を撤回させられたことが悔しかったのだろう。団体交渉が終わると、今度は上司だけでなく、ほかの社員もMさんに次々と暴言を浴びせた。

以下は、その一部である。

「事の発端をたただせば、おまえの立ち居振る舞いや言動が社会人として欠落しているのが原因だ。おまえ自身の問題なのに、何でわざわざ組合に相談したんだ」

「他人のせいにするな」

「今度組合に言ったら、そのときは徹底抗戦するからな」

「団体交渉に参加する暇があったら、自分のことを考えろ」

「組合に相談するんじゃなくて、相談は社内の人間にしろ」

「組合に入ったんだから、四面楚歌になることは覚悟しているよね」


こうした言葉は、職務上、必要な注意を与えるという名目のもとに行われた。しかも、職場からMさんをわざわざ別の場所に呼び出して浴びせたものだった。

呼び出しのペースは、当初は週に1回程度だったが、やがて週2回、週3回と、だんだん頻繁になっていった。最初の頃は短かった叱責時間も、次第に、30分、1時間、ひどいときには1時間以上にもわたった。挙句の果てに言われたのが、次の台詞だった。


「おまえは、頭がおかしい」

「多くの人が、おまえとのコミュニケーションを拒否している」

「人との付き合い方がわからないなら、山に籠もって陶器でも焼いてろ」

暴言を浴びせられただけではない。団体交渉の後、上司はMさんに仕事の指示をしなくなっていた。Mさんは、やむなく自分で仕事を探したり、ほかの部署から仕事をもらって仕事をするしかなかった。

平成20年5月29日には、Mさんは自分の状況を社長に直訴しようとパソコンで文書にまとめていたところ、これに気がついた上司がMさんのパソコンを取り上げ、そんな行為は許さないと、反省文を書くように指示した。

Mさんは前年末頃から体調に変調をきたし、平成20年5月初め頃には不眠、食欲減退、吐き気などに悩まされるようになっていた。パソコンを取り上げられた後は、仕事のことを考えるだけで吐き気がし、会社に行けなくなってしまい、6月から休職せざるを得なくなった。心療内科で診察を受けた結果、うつ病と診断された。

「労働審判」とは？

労働組合からの依頼によって、私はMさんの事件を引き受けることになった。Mさんが女性であり、しかも事件が繊細な要素を含んでいるため、同性の弁護士によるフォローの必要性を感じた私は、大久保佐和子弁護士に協力を依頼、事件を一緒に担当してもらうことになった。

この事件では、平成20年10月１日に労働審判を申し立てた。

労働審判は、平成18年４月から開始された、いわば「裁判の簡易迅速版」と思ってもらえればいい制度である。今や東京地方裁判所では、申し立てられる労働事件のうち、その半数以上が労働審判といわれるほど活用されている。

労働審判については、拙著『人が壊れてゆく職場』でも解説したが、ここで改めて説明しておこう。

現在、個別の労働者と使用者との間で生じる個別労使紛争は増加の一途を辿っている。しかし、これまでこうした問題は、たとえ双方が解決したいと思っていても、裁判にまで訴えて解決するという方法がなかなか取られてこなかった。そこには、従来、裁判は解決までに時間がかかること、また、弁護士への依頼費用が多額に上ることが指摘されてきた。このため、個別労使紛争を、簡易、迅速、柔軟に解決する方法として、「労働審判」という特別な制度が設定されるに至ったのである。

労働審判の特徴は、まず、迅速性を確保するため、原則として審理が3回しか開かれないという点にある。通常の裁判は、「審理は○回以内に終えなければならない」というルールがないため、長期化するケースが多い。一方、「3回の審理」という制限のある労働審判では、通常、申し立てから3ヶ月程度で事件が解決する。

次に、事案に即した柔軟な解決を行うため、労働審判では裁定を下す前に、話し合いによる調停を必ず試みなければならないとしている点である。労働審判では、両者の話し合いが折り合わないときは、最終的に労働審判委員会が、「労働審判」という裁定（通常の裁判で言うところの「判決」）を下す。その前に、双方の当事者から話を聞いて解決の方向性を探り、両者が納得できる着地点を探し、そこで折り合うことを目指すのである。もしうまく折り合うことができれば「調停」が成立し、そこで事件は終了となる。

最後に、裁判官ではない専門家による裁定を仰ぐ点である。通常の裁判では、裁判所を構成するのは一人ないし三人の裁判官となる。一方、労働審判の場合、労働審判委員会を構成するのは、一人の裁判官と、民間から選ばれた二人の労働審判員となる。後者は、一人が経営者側からの推薦によって参加する使用者側の委員、もう一人は、労働組合からの推薦によって参加する労働者側の委員となる。これらの二人がそれぞれの立場から、より現場感覚に近い妥当な解決策を提言し、労働審判官である裁判官とともに解決にあたるとされているのである。

このように、労働審判は、簡易、迅速、柔軟に事件を解決することを目標に設定された制度だ。

通常の裁判では行えない要求

Ｉ社事件に話を戻そう。Ｍさんの不満の根源は、仕事をこんな形で妨害されるのは理不尽極まりなく、人は、もっと働きやすい職場で働くのが本来の姿ではないかというものだった。Ｍさんの話を聞いた私たちは、労働審判の申し立てで、職場でのいじめによるうつ病罹患の損害賠償請求だけでなく、次のような職場の環境改善の要求を掲げた。

「Ｉ社は、Ｍさんに対し、Ｉ社職員が別紙目録の行為を行ったことを謝罪し、今後、これらの行為が繰り返されることのないよう、研修実施、社内体制の確立など、必要な措置を行う」

謝罪や職場環境の改善といった申し立ては、通常の裁判では行うことはできない。しかし、労働審判では柔軟な対応が可能であるため、あえてこのような申し立てにした。

全面的に争う

言葉の暴力によるいじめについて、I社は全面的に争ってきた。

曰く、「いじめなどは行っていない。問題とされている個々の発言は、根本的なビジネスマナー、仕事の進め方、ほかの従業員とのコミュニケーションの取り方といった文脈の中で語られたものであって、申し立て内容は表現を歪曲または誇張し、意図的に編集されたものである」

これに加えて、I社は「Mさんには業務上における多大な問題が存在する」と主張した。例えば、電子メールの私的利用、業務とは無関係なWEBサイトの閲覧、業務命令違反、ほかの社員との意思疎通の不具合、ビジネスマナー違反、といった事実を挙げた。さらにI社は、第1回審判期日の直前になって膨大な量の証拠を提出してきた。

正式裁判へ？

労働審判法第24条では、事件が労働審判での解決に馴染まないときは、裁判所の判断で労働審判での解決を断念し、事件を正式裁判でやり直すように決めることができると定められている。

繰り返すが、労働審判は3回しか審理を開くことができない。確かに、事件に関する事実関係が複雑多岐にわたり、しかも争点が入り組んでいた場合、事件をたった3回で解明することは現実的に難しい。こうした場合は本裁判でじっくりと審議してください、ということになるわけだ。

実際、I社事件に限らず、パワハラ事件は事実関係が複雑で、かつ、長期にわたっているケースが多い。さらに、訴えられた側は、訴えられた内容を一つ一つ否認する傾向が強い。その一つ一つの事実を確認していこうとしたら、いくら時間があっても足りなくなる。

I社事件も同様だった。したがって、この事件では第24条の適用が大いに予想された。I社は、Mさんの勤務態度そのものを問題視する主張もしている。これでは争点の複雑化は避けられない。

第1回の審理はこうした状況で開催された。先にI社側と話していた裁判官は、次に私と大久保弁護士を呼んで審判廷に入れた。

裁判官は、「申し立ての趣旨がなかなかユニークですね」と、職場の環境改善の要求に触れた上で本題に入った。

「この事件は、第24条適用事案だと思います」

第24条が適用されれば、労働審判はここで終わってしまう。しかし、と裁判官は続けた。

「こういう複雑な事案、事実関係の確定に時間がかかる事案だとおわかりでしょうに、あえて労働審判の申し立てを行ったということは、何か理由があると思うのですが……」

Mさんの本音

Mさんは実際のところ、I社に戻って働くという気持ちを持っていなかった。

「あの仕事は好きです。でも、あの職場には、あの人たちがいる、あの職場には、もう戻れません」

これが、Mさんの本音であった。

私と大久保弁護士が考えたのは、次のことだった。Mさんには、職場に復帰する考えはない。だが、退職という形だけではMさんが報われない。Mさんの今後のために、生活再建のための資金を手に入れさせてあげたい。とはいえ、Mさんの病状を考えると、長期的に争うことは避けなければならない——。

以上の理由から私たちは、労働審判による、早期で内容のある解決を目指したのだ。私は裁判官にこの事情を説明し、Ｍさんは、金銭的な提供を受けて退職することを考えていると率直に伝えた。

なるほど、と大きく頷《うなず》いた裁判官は、「では、会社と話し合いで解決することができるか、率直に話し合ってみましょう」と言った。私たちに代わって審判廷に入ったＩ社側は、かなりの時間、裁判官と話をしていた。

調停成立

結局、第１回審判はＭさんの退職を前提とした解決を図ることで方向性が一致した。そして平成20年12月９日、第２回審判で調停が成立した。

Ｍさんの退職にともない、Ｉ社は、Ｍさんに解決金として一定の金銭を支払うことになった。本書の冒頭でも述べたように、ここで解決金額を公表することはできない。しかし、その金額は、裁判所がＩ社職員の言動のすべてがいじめであると認定し、それが不法行為にあたると判断した場合の損害賠償額より、はるかに高いものとなった。

パワハラの典型である「言葉の暴力」によって引き起こされる事件は、「慰謝料」という形で解決に至るケースが多く、その金額はびっくりするくらい安いのが現実だ。だが、I社事件では、解雇事件と同様の扱いで解決金が算定された。

この背景には、I社側の、特に団体交渉以降の言動が「客観的に見て、これはひどい」という印象を裁判官に与えることができたことがある、と私は考えている。前述した上司たちの言動は、録音テープやメモといった形で残されていた。いじめの事実の立証が、裁判で重要な決め手になったのは言うまでもない。同時に、こうした言動を裁判官に効果的に知らせることができたのもまた大きい。これは、大久保弁護士の苦労の賜物《たまもの》である。

I社事件からわかるのは、「仕事の上で必要だった」という理由ですべてが許されるわけではないということだ。一見、正当性があるように見える「業務指導による注意」も、度が過ぎれば「言葉の暴力」に変わり、被害者を追い詰めることになる。


最後に、労働審判は、裁判所の許可がなければ傍聴することはできないにもかかわらず、Mさんが加入した労働組合の人たちが、二度にわたって多数、応援に駆けつけてくれたことを記しておきたい。

パワハラの被害は、職場からの孤立の一現象である。最後はI社を去ることになったMさんだが、多くの仲間に支えられて孤立を防ぐことができた。それは、この事件の救いであった。

第2章

パワハラ判定の難しさ

「証拠」はどこにある？

E社事件：上司、部長、役員から叱責を受け続ける

前章のI社事件では、言動による暴力が労働者側に精神的被害をもたらし、労働審判による裁定を仰いだ事例を紹介した。この事件が一定の解決に至った様子も見た通りである。これは、言動による暴力が精神的被害を引き起こした事実が認められたことによる。

しかし、次に紹介するE社事件のように、言葉による暴力と精神的被害の関係がいつも認められるとは限らない。

E社は、エネルギー資源の輸入・販売、エネルギー関連機器の販売などを行っている会社である。単体で約300名、連結規模だと数千人を擁する、大企業だと言ってよい。

Rさんは、E社に平成19年9月に入社した当時30代前半の男性で、入社後、人事総務部門に配属され、主に総務業務の仕事を担当していた。

Rさんは入社してから平成20年1月に至るまで、無遅刻・無欠勤を続けていた。だが、同年1月頃、ベテラン先輩社員の異動にともなって部署では人員が不足する事態が生じたことによって一人一人の業務負担が増し、Rさんもその負担を重く感じ始めていた。同時に、職場ではぎすぎすとした人間関係も生まれるようになっていた。

平成20年２月、異動するベテラン社員の送別会が開かれた。幹事役だったRさんは仕事を終えて送別会に向かおうとしたとき、上司の課長に呼び止められた。

それは、次のような事情からだった。

その頃、会社ではＩＣカードによるセキュリティシステムを導入することを決め、社員に説明会を開くことになった。Rさんは担当者として、説明会の段取りを仕切る役割を担った。各部署から代表者に出席してもらい、トータル十数名に説明を行った。

このシステムは、基本的にＩＣカードを交付される正社員向けのもので、Rさんは、ＩＣカードを忘れた際には名刺で対応するということになっていることを説明した。

E社は、派遣社員には名刺を支給していなかった。だが、参加した代表者の中には正社員もいれば派遣社員もいて、Rさんが所属する人事総務部門の代表として出席していたのは派遣社員だった。その社員から、「自分たちは名刺を持ってない。ＩＣカードを忘れた場合はどうすればいいのか」と問われ、そうした場合を想定していない説明には落ち度があるのではないかと、派遣社員はその場にいたRさんの上司である課長に苦情を寄せた。

呼び止められたのは、この件に関するものだった。課長は、「説明が欠落している。人事総務部門に対しては、再度、説明を行え」などと、時間にして40分から50分くらいにわたってRさんを叱責した。課長は、Rさんを呼び止めた時間に送別会があること、Rさんが幹事であることを知っていた。

Rさんは送別会のことが気になって仕方がなかった。でも、直属の上司からの呼び止めであったため、その場を立ち去ることもできず、ただ黙って聞いていた。もちろん、送別会の開始時刻に間に合うことはできなかった。Rさんが送別会に到着した頃には、送別会はかなり進行していた。Rさんは、すでに参加していた部長や役員から、「幹事なのになぜ遅れたんだ」と、ここでも叱責を受けることになった。Rさんは事情を説明することもできず、ただただ、叱責を受け続けた。

「噂になってるよ」「殺す」

送別会の頃と前後して、人事総務部門の社員は、Rさんへ言葉の暴力を始めた。その言葉は、何の脈絡もなく、囁《ささや》くように語られたという。

「いじめてやる」
「おまえ、噂になってるよ」

「殺す」
「殺したい」
「頭、おかしいんじゃない」
「そこの窓を突き破って飛び降りろ」

3月に入った頃、体力的にも限界を感じ始めていた上に暴言まで吐かれ、精神的にもダメージを受けていたRさんは休みを取りたいと考え、その旨を部長に申し出た。しかし部長は、「休むとは何事だ」と、部署の忙しさを理由に、仕事が一段落する3月いっぱいは休むなと強い口調で言った。ところが、部長はRさんには休みを取らせない一方で、自身は3月に「個人的な理由」で7日間の休みを取っていた。

休職、退職の通告

上司の指示に従い、Rさんは3月いっぱいは休むことなく働き続けた。しかし、これ以上無理して出社し続ければ自分の身に何が起こるかわからないと考え、休みを取ることにした。

4月1日、体調が悪くなってから初めて病院に行って診察を受けると、うつ状態であると診断された。Rさんは治療に専念するため、4月1日付で休職申請手続きを取った。病状はそのまま回復せず、1年の月日が流れた。

約1年を経て、ようやく病状が回復しつつあったRさんは、平成21年4月16日から復職したい意向を同年4月2日にE社に伝えた。その際、2時間であれば勤務可能とする病院の診断書を持参しながら、復職のための訓練期間として、まずは2時間程度の勤務を希望、その後、徐々に勤務時間を延長していきたいと伝えた。

一方、E社はRさんに対して、E社が指定する医師の診断、及び心理テストの受診を求めた。Rさんは E社の指定通り、4月28日に指定医師と面会した。

診察、及び心理テストは合計6時間にも及ぶものであった。その間に与えられた休憩は、わずか5分程度だった。病状が回復しつつあったとはいえ、まだ体調が万全ではないRさんは午前中は問題なかったものの、午後に入ると疲労や集中力の低下を感じ、心理テストを受けるのが極めてきつい状態となった。外で待機していたRさんの父親が体調を気遣ってお茶の差し入れを求めたが、2回も断られ、3回目になってようやく差し入れが許される状況だった。

6月15日、復職に向けた話し合いということで、Rさんは E社から呼び出しを受けた。面会の席上、E社の役員は、医師の診断結果を踏まえての会社の判断であるとして、「Rさんには就労能力の回復が認められない。休職期間の満了にともない、平成21年6月15日をもってRさんを退職とする」と通告した。

聞き取りの難航

実は、ここまで述べてきた事実関係を私がRさんから聞き出すまでに、1年近くの時間を要している。これは、パワハラによる被害が「精神疾患の深刻さ」という大きな問題を抱えていることによる。

何かの事故に遭ってどこかの骨を折るくらいであれば、1年もあれば骨は自然と元通りになる場合が多いだろう。しかし、深刻な精神疾患の場合、回復するまでの期間を推測するのは難しく、どうすれば治癒するのかもはっきりとはわからない。ここから、本人はもちろんのこと、家族にも精神的な負担が重くのしかかってくる。

重篤な精神疾患を抱えた被害者は、過去の被害に向き合うことを避ける傾向にある。自分が受けた被害について、「自分がこんな目に遭わされるのはひどい。相手には責任を取ってもらいたい」とは思っているものの、例えば相談を受けた弁護士が、解決のために過去の事実を根掘り葉掘り聞くのを嫌う。

時間が経過すると、人の記憶も曖昧《あいまい》になってくる。なかなか心を開いてくれない被害者とのやり取りが長期間にわたって続き、そこで話される内容も、ぼんやりとした同じような内容のものが多くなってくると、相談を受けた側である私も、「この人の言っていることは本当のことなんだろうか」と、だんだん疑心暗鬼になってしまう。そして、「だから、その言葉は、いつ、誰が、どんなふうに言ったんですか」と、つい語調を荒らげてしまうと、今度は相談者が、「どうせ、私はダメな人間なんです。生きていても意味のない存在なんです」と、頭を掻《か》きむしりながら事務所を出て行ってしまう。

このように、パワハラの相談を受けるのは難しい。根気強く、時間をかけて事にあたる姿勢が重要になってくる。Rさんの話もこのようにして、根気強く、時間をかけて聞き出したものだ。

ここで、Rさんは、ありもしない被害を語っているのではないか——そんな疑いの目を持つ方もいるだろう。実際、Rさんの話が本当のことだとすれば、E社には、相当「おかしな人たち」が集まっていることになる。

しかし、私はこれまで、数々のパワハラ事件を見てきた。世の中には、信じられないくらい下劣で、ひどい言葉を他人に平気で浴びせる例が数多く存在する。重い症状を患ったパワハラの被害者が記憶に蓋をし、具体的な状況を述べることができないことは十分にあり得ることだ。だから私は、Rさんの話は思い込みによるものだとか、嘘だとかはまったく思っていなかった。

「率直に言って、よくわかりません」

ただ、「殺す」「頭、おかしいんじゃない」といった、Rさんが浴びせられたという暴言の証拠が残っていないのは問題だった。録音媒体はもちろん、メモも、同僚による証言もなかった。これでは、事実関係を立証するのは難しい。また、過去に向き合うのを避けようとするRさんを見ていると、裁判を、Rさんに有利に働く状況に持っていくのは難しいのではないかというのが私の率直な印象だった。

私は事態を早期に収めることを目指し、労働審判による申し立てを行うことを選択した。審判が始まると、案の定、E社はRさんの言い分のほとんどを否認した。

事実関係を立証するためには、E社側の資料の矛盾点を突き、証言で揺さぶるしかなかった。私もその点について尽力したが、正直に言って成功したとは言い難い。

E社側は、言葉の暴力を全面的に否認し、こうした言葉が実際に存在したという前提にすら立っていない。一方、事実関係をRさんに何度尋ねても、「突然、耳元で囁かれたんです」といった程度の説明しかなく、いつ、誰が、どのように語ったのかは不明である。証拠が何もないという状況では、結局、これらの言葉の有無についてはわからずじまいだ。

裁判官からも、「Rさんのおっしゃる事実関係については、率直に言ってよくわかりませんね」と言われてしまった。つまり、判決なら負けということである。

しかし、この事件は、それで終わらなかった。

私が労働審判の手続きで尽力したのは、Rさんの主治医が、わずか2時間であるとはいえ、復職可能と診断している点だ。にもかかわらず、E社が、Rさんに過酷なテストを含む産業医面接とその診断を求め、その判断のみによってRさんを復職不可と決めつけたことを問題にした。Rさんの主治医の話も聞かず、復職の可能性を探らなかった態度は無責任だと、その点を力を込めて主張し、第1回審判期日の中でも述べた。

この主張が功を奏したのか、裁判官は積極的に話し合いに取り組んでくれた。

「この事件は、とにかく早く解決したほうがいい。長く引きずると、Rさんの身体によくない」と言い、E社から一定の解決金を引き出すので、それで和解するということで納得してもらえないかと話してきた。

裁判官にE社への説得を委ね、第１回審判のうちに話し合いがまとまり、E社がRさんに解決金を支払う内容で調停が成立した。

前章で見たI社事件と同様、この事件も、Rさんが当初主張していた事実すべてが認められ、慰謝料が発生するとして認められる額より多い金額での和解となった。Rさんが復職を希望していながら、それが認められなかったことを考慮してのことであろう。

事件としてはRさんの権利の実現になんとか一定の寄与はできたものの、パワハラ事件の難しさを痛感させられたケースだった。

第3章

長時間労働はパワハラか？

「名ばかり管理職」事件

SHOP99事件：長時間労働という深刻な問題

さて、これまでは言葉の暴力によるパワハラ事例を取り上げてきたが、次は、長時間労働の事例を取り上げよう。

こう述べると、「長時間労働はパワハラなのか」と思われる方も多いかもしれない。

私は、長時間労働というのは、「過大な業務の強要」としてパワハラとして考えるべき問題だという認識を抱いている。

パワハラは、「うつ病」などの精神疾患の発症に結びつく場合が多いが、その典型的な要因として指摘できるのは、実は長時間労働なのである。長時間労働は、ただ漫然と長時間の労働に従事した、というものではない。その人が到底できることのないような過大な責任や業務負担を押しつけられた結果、与えられた義務をなんとか遂行しようとして頑張ることによって発生する。

――長時間労働がいかに精神を蝕《むしば》むものであるか。この深刻な問題を、私たちはきちんととらえておかなければならない。

本章では、その格好の事例としてSHOP99事件を紹介しよう。

平成20年2月。首都圏青年ユニオンの組合事務所を所用で訪れた私は、河添誠書記長から一人の組合員を紹介された。清水文美《ふみよし》、当時20代後半の男性である。

河添の紹介によると、清水は平成19年10月初旬まで、株式会社九九プラスが関東を中心に展開しているコンビニエンスストア「ＳＨＯＰ99（現・ローソンストア１００）」の店長として働いていたが、そこでの過酷な長時間労働などが原因で、精神疾患を患って休職していた。河添が示した診断書には、「うつ状態」と記載されていた。

清水は、平成20年初頭に首都圏青年ユニオンに加入。団体交渉によって、過酷な就労の実態の告発とともに、会社にしかるべき負担——働きやすい職場の実現、長時間労働によって発生した残業代の支払い、「うつ状態」を患ったことへの慰謝料——を要求した。

私は、清水に就労の実態についていくつかの質問を試みた。その回答からすれば、会社は、当然、未払いの残業代を支払い、清水が「うつ状態」になったことに責任を負う立場にあると思われた。特に残業代については、この事件を考える上で格好の先例となる日本マクドナルド事件東京地裁判決が下されたばかりだった（平成20年1月28日判決）。

団体交渉での会社の態度について河添に聞くと、河添は苦笑いして答えた。「いやあ、まったく話になりませんね。『マックはマック、うちはうち』って言われてしまいました」

日本マクドナルド事件の衝撃

平成20年1月28日に下された日本マクドナルド事件東京地裁判決については、拙著『人が壊れてゆく職場』の第一章でも紹介した。この事件は、マクドナルドの正社員として働く店舗の店長が、労働基準法第37条に定める時間外割増賃金、いわゆる「残業代」の支払いを求めてマクドナルドを訴えた事件である。

これに対し、マクドナルドは、「店長は管理職にあたるため、残業代は発生しない」という理由で争った。

労働基準法第41条2号は、「管理監督の地位にある労働者」について、労働時間に関する労働基準法の規制の適用をしないと定める。残業代について規定している労働基準法第37条は、この労働時間に関する規制の一つである。ゆえに、「管理職」は、「管理監督の地位にある労働者」だから、労働時間の規制の範囲外であり、したがって残業代は発生しないという論理である。

ところが裁判所の判断は、マクドナルド側の判断を否定するものであった。その結果、裁判所は、原告に対し755万円余を支払うよう、マクドナルドに命じる判決を下した。

『人が壊れてゆく職場』の刊行当時、この事件は東京地裁判決後、マクドナルドの控訴によって高等裁判所で争っている時期であった。その後、平成21年3月18日、この事件は東京高裁で和解が成立、マクドナルドは原告の店長が労働基準法第41条2号の「管理監督者」ではないことを認め、１０００万円余の和解金を支払うこととなった。

この裁判の影響もあり、「管理職」としての地位があるものの、実態は管理職としての権限をまったく持っていない、「管理監督者」には相当しない管理職は、いつしか「名ばかり管理職」と呼ばれるようになった。

この事件が、労働の現場に、とりわけ使用者に与えた衝撃は大きい。

会社が「管理職」と名前をつけただけでは、会社は残業代の支払いを免れることはできない。「管理監督の地位にある労働者」とは、残業代を支払わなくてもいいくらいの、「それ相応の者」であることが必要だ。「名ばかり管理職」には残業代を支給しなければならない。

——裁判所が述べたのはこういうことであり、考えてみればまったく当たり前のことではある。しかし、こうした実情はそれまであまり知られておらず、それが世間に広範に伝わるところとなった。この事件を契機に、就業規則を見直す作業を行った企業も多くある。

唖然とする会社の認識

日本マクドナルド事件東京地裁判決を前提にすれば、清水は業界が異なるとはいえ、小売店舗の責任者である「店長」という意味では、日本マクドナルド事件の店長と立場が同じである。つまり、清水は「名ばかり管理職」だった。マクドナルド事件の原告に残業代の支払いが命じられたのなら、清水にも同じく残業代の支払いがなされてしかるべきである。

清水の件について、会社との団体交渉は、平成20年2月5日に行われた。日本マクドナルド事件東京地裁判決の約1週間後である。この判決は、新聞などで大々的に報道されていたから、会社も当然そのことを知っているはずである。だから、首都圏青年ユニオンは、清水について残業代が支払われるのは当然だと主張した。

しかし、会社は、「清水さんは店長ですから、管理職です。ですから、残業代を支払う必要はありません。そのつもりもありません」と回答した。首都圏青年ユニオンは、この答えに対し、「先週のマックでの裁判所の判決を知らないのか。管理職だから残業代を支払わなくてもよいなどという理屈が通らないことは、先週の裁判で明らかになったではないか」と追及した。この追及に対し、会社側は、「マックはマック、うちはうちです」と述べたのである。

私は、この話に唖然《あぜん》としてしまった。清水から聞かされた就労実態は、会社が胸を張って「うちはうち」と言い切ることができるようなものでは到底ない。会社のこの言い分は、法の無理解に基づくものとしか思えない。そのことを、よくも恥ずかしげもなく広言できるものだ。私にはまったく理解できなかった。

清水の異常な就労実態

では、清水の就労実態とはいかなるものであったか。

「ＳＨＯＰ99」はフランチャイズ店舗もあるが、直営店舗のほうが多い。原則として、各店舗には一人しか正社員を配置しない。あとはすべてパート、アルバイト、派遣社員で運営される。したがって、直営店舗に配置される正社員の多くは店長となる。

清水が正社員として会社に入社したのは平成18年９月。入社後わずか３ヶ月で、ある店舗の実質的な店長となった。実質的な店長というのは、清水の配属された店舗には、他店舗の店長を兼任している名目上の店長がいたためである。名目上の店長は他店舗にいることが多く、実質的には、清水は配属された店舗を仕切らなければならなかった。

翌年６月、清水は正式に店長に就任した。

では、実質店長、店長としての清水の就労状況はどのようなものであったのか。

タイムシートに記載された、清水の平成19年6月から9月までの就労日数、労働時間を見てほしい。

	合計労働時間	出勤日数	休日
6月	303・25時間	29日	2日
7月	256・50時間	26日	4日
8月	343・50時間	30日	1日
9月	231・75時間	25日	6日

清水の労働契約は、1日8時間の就労、週休2日という内容だった。それに基づけば、1ケ月の就労日数は22日か23日となり、月間の労働時間は176時間、多くても184時間になる。だが、6月と8月の労働時間は300時間を超えている。これがいかに常軌を逸した

数値か、おわかりいただけるだろう。

清水は、平成19年５月25日から６月30日までの間、一日も休みを取ることなく、37日間にわたって働き続けた。同年８月７日から10日までの４日間では、タイムシート上、清水の勤務時間として計上できる数字は80時間を超える。後にこの事件の裁判で裁判所は、清水の証言をもとに、この４日間については72時間を超える就労を判決で認定している。

しかも清水は、１年２ヶ月の間に合計８回もの異動を経験している。異動のたびに、店舗の特徴、パートやアルバイトの状況を把握し、人間関係を作り直さなければならなかった。

さらに、清水が店長として二度目に異動した店舗では、その直前に不正を働いたパートやアルバイトを大量に解雇しており、不慣れな新人のパートやアルバイトを採用したばかりだった。清水は、その彼らに一から仕事を教える必要性に迫られた。

清水の過酷な就労は、こうした状況の積み重ねによるものであった。

ドクターストップ

24時間営業の店舗には、常に人がいなければならない。「ＳＨＯＰ99」の場合、深夜でも必ず二人以上の従業員を置くことを定めていた。

しかし、店舗にアルバイトがいつも二名以上いて、シフトが埋まるとも限らない。特に学生アルバイトの場合、試験や夏休みなどでシフトに入らないこともある。シフトが埋まらない時間帯は、正社員が入らざるを得ない。何時間働き続けていようが、休日を取れなかろうが、シフトに穴が開けば働かざるを得ない、これが正社員店長の実態だった。

まして、清水の場合、パートやアルバイトに仕事を一から教えなければならない必要にも迫られていた。仮に二人以上がシフトに入っていたとしても、彼らが不慣れで教育も徹底されていない場合は、自分の仕事をしながら彼らを指導し、仕事を覚えてもらわなければならない。

こうした就労の結果、清水は、平成19年5月頃から身体の不調を覚え始めた。ところが会社は、清水の身体の変調に目もくれなかった。

10月8日、清水は、ドクターストップによって休職を余儀なくされた。診断された病名は、「うつ状態」。清水は翌9日から休職となり、その状態が現在も継続している。

提訴と会社側の拒否

清水は、団体交渉の決裂を受けて、訴訟に踏み切ることを決断。

私は、平成19年の年末に結成していた首都圏青年ユニオンの顧問弁護団から、戸舘圭之、三浦直子両弁護士の助力を得ることとし、三名で清水の弁護団を結成。訴訟準備の末、平成20年5月9日、東京地裁八王子支部に提訴した。

訴えた内容は、長時間労働に対応する残業代の請求、及び、その残業代の未払いに対する付加金の請求。そして、清水がうつ状態にさせられたのは、会社の労働時間等の管理体制等の不備に原因があるため、安全配慮義務違反によって引き起こされたうつ状態の慰謝料の請求、というものである。

会社はほぼ当方の予想通り、①清水は店長であるから、労働基準法第41条2号の「管理監督者」にあたり、残業代の支給は必要ない。②したがって、労働基準法違反がないので付加金は発生しない。③店長職に過酷な就労の実態はなく、また、適切に対処もしている。会社に安全配慮義務違反はなく、病気の発生と業務との間に因果関係はない。との理由で、清水の要求を拒絶した。

清水の全面勝利

3年余の審理を経て、東京地裁立川支部（八王子支部が途中から立川に移転して名称を変更した）は、平成23年5月31日、判決を下した。

主文は、未払いの残業代として44万8376円、慰謝料として100万円、付加金として20万円の支払いを命じる内容だった。清水の全面勝利である。

「管理監督者」に関する判断は、日本マクドナルド事件東京地裁判決の流れを踏襲したもので、清水の就労実態に照らして、清水が「管理監督者」に該当するとは言えないというものであった。

本書では、前述した会社の反論である③について、判決がどのような判断を下したかが重要であろう。

この点について、判決の指摘を要約して引用することとしよう。


長時間の労働に従事していたこと、8回という頻繁な店舗異動が短期間に行われたこと、原告に任された店舗は負担の少なくない店舗であったことなどは原告の生活リズムを破壊するものであり、原告のうつ状態の発症は、業務との間に相当の因果関係がある。

被告は安全配慮義務を負い、原告の就労実態を把握していたにもかかわらず、特別な配慮をした形跡は認められない。逆に、店舗の人件費を抑えるように原告に指示するなど（後述。筆者註）、より一層、長時間労働をせざるを得ない心理的強制を原告に与え、原告の申し出に対しても真摯に対応していない。これは安全配慮義務違反である。以上により被告は、債務不履行として慰謝料１００万円を支払うべきである。

清水の上司を追及する

私は、この裁判所の判断は正当なものであると思う。そう考えるのは、それ相応の証拠があるからである。例えば、私は清水の上司に対する証人尋問で、次のようなやり取りをしていた。

まず、私は、この上司の休み明けとなった平成19年８月16日以降、上司が清水の出退勤記録を確認したかという点を確認した。その際、８月７日から10日までの間に合計80時間を超える勤務時間になっていることも確認したかと尋ねたところ、上司は「確認した」と答えた。それを踏まえて、次のやり取りがあった。

笹山　あなたはそれに対して、どのような対処を行いましたか。こんなふうにしたらどうかといったようなことは清水さんに言ったんですか。

上司　休める状況を作っていこうよ、という話はしました。

笹山　8月7日から10日は、二人のパートが入っている時間帯が多かったじゃないですか。店長が勤務する必要はないでしょう。じゃあ、なんで清水さんは勤務しているんですか。

上司　そこはちょっとわかりかねるんですけど……。

このやり取りからわかるのは、上司は「休める状況を作っていこう」と抽象的には言ったものの、清水が休めない原因は探していないということである。

そのことを裏づける、次のやり取りがある。

笹山　あなたは、平成19年4月分から7月分までの清水さんのタイムシートについて確認しましたか。

上司　見ておりません。

笹山　なぜ見ていないのですか。

上司　自分が休みから復帰したばかりで、店舗での清水さんの勤務状況だけしか見ていませんでした。

このように、上司はそもそも客観的記録の全体を見て、原告の就労状況、健康状況を把握しようとはしていない。これは、清水に対する適切な業務指導を行う姿勢に欠けていたことを示すものである。

私は重ねて、次のやり取りを行った。

笹山　この会社には、7日間の夏休みという制度がありますね。

上司　はい。

笹山　（証拠書類を示しながら）これは、清水さんと会社の労働契約書ですが、この契約書の中にも、夏休みのことが記載されていますね。

上司　はい。

笹山　あなたが清水さんの出退勤記録を見た時期は、ちょうどお盆明けくらいですね。4日間で80時間も働いていると知ったら、この7日間の夏休み制度を使って休んだらどうだとか、普通ならそう考えて伝えるでしょう。上司なら、部下が休みを取っている間は、ほかの店員や、あなた自身が清水さんに代わって働くということも考えられるでしょう。あなたはそう考えることはなかったんですか。

上司　それはちょっとしませんでした。

笹山　なぜですか。

上司　そこまで考えが及びませんでした。

結局、この上司は、清水の過酷な勤務状況について、それを把握していながら何の解決策も提示していなかったのである。清水の置かれた状況がまったくわかっていなかったのか、それとも、この会社ではそれが当たり前のことだったから、あえて注意もしなかったのか。上司が業務について何らかの助言や指導をしたとしても、それは思いつきの域を出ていないものであって、それが実現できる見通しも、解決できる見通しもまったくなかった。

他方、この上司は同じ時期に、清水の店舗の売り上げが悪く、人件費も重くのしかかっているので、パート、アルバイトのシフトを削るようにという趣旨の指導を清水に対して行ったことを証言した。

私は、「そういう指導をしたら、清水が自分が削ったシフトの穴埋めをしなければいけないと受け止めるとは思わなかったか」と質《ただ》したが、この上司は、「そうは思わなかった」と証言した。

前述した通り、清水は長時間労働に加え、1年2ヶ月という短期間に8店舗もの異動を経験していた。こうした異動も、清水の負担に拍車をかけたことは想像に難くない。

会社は、異動についても何の配慮もしていなかった。裁判官も、清水の上司に対する尋問の中で、「頻繁な異動は、会社としてどのような必要性があるのですか？」と疑問を呈していた。上司は、この裁判官の質問に対して返答することすらできなかった。

裁判官の強い怒り

判決は、会社に「安全配慮義務違反がある」との判断を下したわけだ。証拠によって確認できる事実と照らし合わせて、当然の判断だと思う。

私にとっては、裁判官が次のように述べたのはとても印象的である。

原告の直属の上司は、原告から、平成19年8月には労働時間が長いことや休みが取れないことなどを聞き、また、同年9月には医師からうつ状態（うつ病）の診断を受けた旨、及び店長職を辞したい旨を聞かされたのであるから、原告において業務の遂行にともなう疲労や心理的負荷が相当程度に蓄積しているのではないかとの疑いを抱いてしかるべきであった。

ところが、被告は、原告が勤務していた当時、健康診断を年に一度実施するほかは、特別な健康配慮を行っていたとの事情はうかがわれないばかりか、上司が原告から右記の話を聞いた際にも、その状況把握に努めて対策を検討した上、例えば休暇の取得を強く勧奨するなどの指導や、持続的に原告の負担を軽減させるための措置を取るでもなく、かえって人件費率やM／H（マン・アワー＝一人一時間あたりの仕事量）等で人件費を抑えるよう注意したり、また店長を辞めて通常の社員になったとしても、それだけで業務が直ちに減るわけではないことを説明したりするなど、逆により一層の長時間労働をせざるを得ないとの心理的強制を原告に与え、原告の申し出に真摯に対応したとは思われない姿勢に終始した。

判決文は、無味乾燥に見えて、人間としての裁判官の気持ちが見え隠れしている。私はこれらの文から、会社の態度に対する裁判官の強い怒りを感じた。

苦難の道のりは続く

会社側は控訴しなかった。これによって裁判は、清水の勝利で幕を閉じた。でも、事件がこれで終わったわけではない。清水は、現在もうつ状態を抱えたままである。

5月31日の判決後、清水は、判決報告集会で聴衆に向かって次のように述べた。

　フリーターから、胸を張って正社員としてスタートしたかったが、過酷な仕事でドクターストップがかかった。普通に働きたかっただけなのに、なぜここまで苦しまなければならなかったのか。

（東京新聞、平成23年6月1日）

第1回裁判の際にも、清水は、裁判官に向かってこう述べていた。

「私は店長になること以前に正社員として胸を張れる自分でいたい、そういう思いで入社しました。しかし今は月に2回通院しなければならないという状態です。私はただ普通に働きたかっただけです。正社員になって自分で将来を一つ一つ積み上げ、築き上げたかっただけなのです。ただ、それだけです」

私たちは、清水のこの叫びをなんとか受け止めなければならないと思う。普通に働きたかっただけの青年の将来を危うくする、「長時間労働」とは何なのか。これをそのままにしておいて企業だけが繁栄する、そんなことを放置していてよいのか。

清水は、今、うつ状態を治して、職場に復帰したいと考えている。清水は、首都圏青年ユニオンによる会社との団体交渉で、その道筋をつけようとしている。

この先のことは、まだ誰にもわからない。だが、私には、清水の次の言葉が希望の光に思える。

「ほかの仲間の団体交渉に参加する機会があって、『自分も、おかしいと思うことはおかしいって言っていこう』と考えるようになりました」「今、人間関係って簡単にスパンと切れてしまうことが多いと思うんです。高校やバイト先であんなに仲良かった友だちとも、その場から離れると全然連絡もしなくなってしまいます。だから簡単に孤立してしまう。でも、首都圏青年ユニオンの活動は、参加するたびに、仲間の輪が広がっていくんです。……首都圏青年ユニオンの組合員はみんな、労働問題にぶつかったときの孤立感についてわかっています。だからこそ、できる限り支え合って、その人を孤立させないようにしたいと思うんです」

（『クレスコ』平成20年10月号より抜粋）

第4章

そもそも、「パワハラ」「いじめ」とは何か

法の視点で考える

「パワハラ」「いじめ」を法的に見ると

ここまで、パワハラやいじめに関連する三つの事例を見てきた。

パワハラやいじめは、「職場において、地位や人間関係で有利にある立場の者が、弱い立場の者に対して、精神的又は身体的な苦痛を与えることによって働く権利を侵害し、職場環境を悪化させる行為」と定義されることがある。この定義にそれほど異論はないだろう。

しかし、これはあくまでも一つの考え方を指すのであって、法律のレベルで、「これがパワハラです」「これがいじめです」といった定義は実はない。このことは覚えておいていただきたい。

人格権侵害というとらえ方

では、ここまで述べてきたような、パワハラやいじめが原因の事例に対して、なぜ、法の番人である裁判所が「それは違法である」という判断を下すことがあるのか。

その一つには、パワハラ、いじめという行為が、労働者のある種の法益（法令が、保護、実現しようとしている利益）を侵害するから許されないという考え方がある。どのような法益を侵害するのかといえば、それは、「人格権」と呼ばれるものである。

人格権とは、名誉や自由といった、個人の人格的法益を保護するための権利、言い換えれば、ある個人の人格と切り離すことのできないものによって生じる利益を指す。肖像権やプライヴァシー権といった言葉を耳にされたことのある人も多いだろう。こうした権利も含めて人格権は、訴訟においても広く用いられる。

つまり、職場においても、人格権の侵害――当事者がパワハラやいじめによって人格に傷を受けること――にあたる行為は法的に許されないということになるわけだ。

これについて民法では、被害者は、攻撃を行う本人に攻撃の中止を求めること、傷を負わせた点について、不法行為として損害賠償を求めることができるとしている（民法第709条）。この加害行為が、刑法に定める犯罪行為に該当する場合は、刑事責任が発生する。一方、民事訴訟では、損害賠償請求として、金銭の要求という形を取る。

「安全配慮義務違反」という考え方

パワハラ、いじめが違法であると判断されるのは、「安全配慮義務違反」にあたるため、というもう一つのとらえ方がある。

企業には、労働者の生命、身体の安全を保つことができるよう、職場環境をそれにふさわしいものに整え、実行する義務があると考えられている。最高裁判所はこの義務を「国が公務遂行のために設置すべき場所、施設もしくは器具等の設置管理又は公務員が国もしくは上司の指示のもとに遂行する公務の管理にあたって、公務員の生命及び健康等を危険から保護するように配慮すべき義務」（陸上自衛隊事件、最高裁昭和50年2月25日判決）、「労働者が労務提供のため設置する場所、設備もしくは器具等を使用し又は使用者の指示のもとに労務を提供する過程において、労働者の生命及び身体等を危険から保護するよう配慮すべき義務」（川義事件、最高裁昭和59年4月10日判決）と定義しているが、これを「安全配慮義務」と呼ぶ。

ここで、前章のＳＨＯＰ99事件を思い出してもらいたい。この事件でも、原告の清水が「うつ状態」に罹患したことについて、会社は「安全配慮義務違反」という理由で断罪された。

長時間労働に対する企業の安全配慮義務とは？

繰り返すが、「うつ病」などの精神疾患を発症させる典型的な要因として指摘できるのは、職場における長時間労働である。「カローシ」を国際語にした日本の長時間労働は、いまだ改善の兆しを見せていないが、近年では、長時間労働による「過労型自殺」が急増した。

こうした見過ごせない現状から、使用者側の責任を求める社会の声も強まっていった。

では、長時間労働に対する企業の安全配慮義務とは何か。それは、

①長時間労働を防ぐため、企業は従業員の労働時間の実態を把握し、企業内で啓蒙活動を行うこと

②長時間労働を行っている従業員がいた場合、配置転換や人員の増強、業務内容の変更、その従業員への指導などによって長時間労働をやめさせること

③その従業員の健康状態を把握し、問題がある場合は治療を受けさせるといった措置を取ること

という内容になる。

電通事件

長時間労働が問題となった著名な事例に、電通事件がある。これは、平成2年4月に電通に入社した男性が過労自殺を遂げたことで、電通の責任が問われた事件である。

その男性は入社後、ラジオ局ラジオ推進部に配属された。彼の業務は、ラジオ番組の広告主への営業が主だったが、昼間の仕事が一段落した夜8時を過ぎてからは、企画の仕事にも取り組んでいた。

彼は前夜の帰宅時間がどんなに遅くても、翌朝は必ず9時に出勤していた。毎朝、まだ誰もいない職場で机の雑巾がけなどの清掃を行い、次々とかかってくる電話の対応に追われた。入社してからの1年5ヶ月の間、日曜日も必ず仕事に出かけた。この間に取った有休休暇は、わずか半日だった。特に後半の8ヶ月間は、午前2時以降の退社が3日に一度、午前4時以降が6日に一度で、睡眠時間は30分から2時間30分しかなかった。彼は入社した翌年の春頃から、真っ暗な部屋でぼんやりしたり、「人間としてもうダメかもしれない」と周囲に漏らすなど、うつ病の症状が現れ始めていた。同年8月、自宅で自ら命を絶った。

この事件の判決で、最高裁は、「事業主は、うつ病にかかるような長時間労働に就けてはならない義務があり、うつ病にかかった労働者については、単に早く帰宅して夜はきちんと睡眠し、翌日仕事をしなさいと指導しただけでは足らず、仕事量を軽減する等の具体的な措置を構ずべき安全配慮義務がある」と述べている（最高裁平成12年3月24日判決）。

このように、使用者は、労働者を守るために、できる限りの適切な処置を行わなければならないとされている。

安全配慮義務が長時間労働の防止の問題に限るものではないことは言うまでもない。使用者には、従業員の生命、身体に影響が及ぶ実態がないかを把握し、適切な措置を講じる義務があるのだ。

「就業環境調整保持義務」という考え方

この安全配慮義務の考え方が発展して、使用者には、単に従業員の生命、身体の安全を保つ義務だけでなく、心身の健康を保つ義務があると考えられるようになった。

裁判では、「被告会社は、原告に対し、労働契約上の付随義務として、原告を適切に就労させ、不当な処遇をしてその人格の尊厳を傷つけないように配慮すべき義務を負っているものと解するのが相当である」（プロクター・アンド・ギャンブル・ファー・イースト・インク事件、神戸地裁平成16年8月31日判決）、「雇用契約の付随的義務として、その契約の本来の趣旨に即して、合理的な裁量の範囲内で配置、異動、担当職務の決定及び人事考課、昇格等について人事権を行使すべき義務を負っているというべきであり、その裁量を逸脱した場合はこのような義務に違反したものとして債務不履行責任を負うと解すべきである」（トナミ運輸事件、富山地裁平成17年2月23日判決）と判断した例もある。

このような義務については、古典的な意味での安全配慮義務と区別するために、「就業環境整備義務」、あるいは「就業環境調整保持義務」と言われている。

私は、「安全配慮義務」「就業環境整備義務」「就業環境調整保持義務」と、どう呼ぶかは本質的なことではないので、どの呼称を用いてもかまわないと思っている。しかし、ここでは紛らわしさを避けるために、心身の健康を保持するように職場環境を整える義務のことを、「就業環境調整保持義務」と呼ぶことにしよう。

「安全配慮義務」にせよ、「就業環境調整保持義務」にせよ、これらの義務は、仮に使用者が個々の労働者との労働契約において特に約束していなくても、労働契約を締結した以上、使用者が労働者に対して当然に負う義務であると考えられてきた。

だから、使用者が、パワハラやいじめが起こっている環境を知りながら放置しているような場合は、使用者そのものに、就業環境調整保持義務違反が認められることになる。

この就業環境調整保持義務は、労働契約における使用者の労働者に対する義務なので、義務違反は民事法のルールで債務不履行となり、債務不履行は損害賠償の対象となる（民法第415条）。したがって、就業環境調整保持義務違反があった場合、労働者は使用者に対して賠償請求をすることができる。

労働契約法の定め

平成20年3月1日施行の労働契約法では、「使用者は、労働契約に伴い、労働者がその生命、身体等の安全を確保しつつ労働することができるよう、必要な配慮をするものとする」との条文が定められた（第5条）。

これは、安全配慮義務の考え方が、法律という形で明文化されたことを意味する。

この条文は、就業環境調整保持義務について明確に定めたものではない。ただ、これらの義務は安全配慮義務の考え方の、いわば延長線上にある。男女雇用機会均等法第11条は、セクハラ行為によって労働者の就業環境が悪くなることなどがないよう、働きやすい環境を作るよう使用者に必要な措置を講ずる義務を定めている。これと同様のことが、就業環境調整保持義務についても労働契約法によって定められたと考えて差し支えない。理屈としては、労働契約法でいう「生命、身体等の安全」には、人格権の安全が含まれると解釈されることになる。つまり、使用者には、労働契約法第5条によって就業環境調整保持義務が課されたことになる。

厚生労働省による話題の報告書

パワハラ、いじめはなぜ許されないのか、この点に関する法律の議論は以上の通りである。しかし、パワハラ、いじめの問題は、現在、法が整っていればそれで済むのかと問われるほど、根深く、広範な問題を社会に投げかけている。

国も、そのことを認識している。

厚生労働省は、「職場のいじめ・嫌がらせ」「パワハラ」が、近年、社会問題として顕在化していることを踏まえて検討を進めてきた「職場のいじめ・嫌がらせ問題に関する円卓会議」を平成23年7月に発足させた。

そして、平成24年1月30日、このワーキング・グループ（会議の中の委員会のようなもの）が、円卓会議に向けて報告書をとりまとめて提出した。円卓会議は、この報告に基づいて議論し、この問題の予防、解決に向けた提言をとりまとめるとしている。

この報告書の内容が公表され、話題を呼んでいるので紹介しよう。

Ⅰ　パワハラの定義

職場のパワーハラスメントとは、「同じ職場で働く者に対して、職務上の地位や人間関係などの職場内の優位性を背景に、業務の適正な範囲を超えて、精神的・身体的苦痛を与える又は職場環境を悪化させる行為」をいう。

なお、優位性とは、職場における役職の上下関係のことではなく、当人の作業環境における立場や能力のことを指す。例えば、部下が上司に対して客観的に何らかの優れた能力があり、これを故意に利用した場合であれば、たとえ部下であっても上司に対するパワーハラスメント行為として認められるようになる。同僚が同僚に対して行ういじめも同じ仕組みである。

Ⅱ　パワハラのいくつかの類型

（1）身体的な攻撃（暴行・傷害）
（2）精神的な攻撃（脅迫・暴言等）
（3）人間関係からの切り離し（隔離・仲間外し・無視）
（4）過大な要求（業務上明らかに不要なことや遂行不可能なことの強制、仕事の妨害）
（5）過小な要求（業務上の合理性なく、能力や経験とかけ離れた程度の低い仕事を命じることや仕事を与えないこと）

（6）個の侵害（私的なことに過度に立ち入ること）

ただ、これらに関しては、パワハラが疑われる個別のケースをよく精査することが重要であり、あくまで傾向を示したものとする。

Ⅲ　ワーキング・グループの考え方

企業として職場のパワーハラスメントはなくすべきという方針を明確に打ち出すべきである。

その上で、事業主への留意点として、予防するために次のことを行う。

（1）トップのメッセージ
（2）ルールを決める
（3）実態を把握する
（4）教育する
（5）周知する

問題が発生したとき、その解決をするために次のことを行う。

（1）相談や解決の場を設置する

（2）再発を防止する

企業は、これに早期に取り組むよう求められている。

また、地方自治体に対しては、パワーハラスメントの実態を把握して明らかにし、問題の現状や課題、取り組み例などについて周知告発を行うよう求めると指摘している。

「精神の生存」を

国が、職場のいじめ・嫌がらせ、パワハラを社会問題として扱い、その問題の見方、特徴、対応のあり方について検討することは極めて真っ当なことだ。

もちろん、検討が足りない部分は残っている。しかし、報告書の定義は、これまで労働法学が検討してきたパワハラの定義に沿うものであり、基本的には評価できる。類型として挙げられているものにも異論はない。

ただ、私は、パワハラの問題というのは、まず生命と生存の問題として理解する必要があると考えている。なぜなら今日、パワハラの被害を受けて精神疾患を患って自殺したり、また、そこまでいかなくとも、何年も働くことができないために人生を棒に振ってしまうような事態が頻繁に起こっているからだ。つまり、パワハラとは、生命に関わる問題なのだ。

私は、かねがねこの視点から、パワハラからの人格の防衛について、「生存権」としてとらえることはできないかと考えてきた。日本国憲法第25条は、「国民には健康で文化的な最低限の生活を営む権利がある」として生存権を定めている。この「健康」の内容に、「精神の健康」を取り入れ、「精神の生存」を権利として確立することはできないものか。このようにして「人格権」を憲法上の「人権」としてとらえられないものか。

それを具体化するために、円卓会議には、ワーキング・グループの報告をさらに深めてもらいたい。例えば、いかなる場合にこれらの事由に該当するのかについて、ある程度の基準を作ることはできないかということだ。また、該当する場合の慰謝料について、従来より高額の基準の設定を提言してもらいたい。

私としては、以上を踏まえた明確な法の制定を求めたい。

過去の裁判例を整理すると

パワハラの相談で最も悩ましいのは、「この事例はパワハラである」、言い換えれば「この事例は労働者の人格権を侵害する違法行為である」と、どのように判断するか、その判断を、いかなる基準を用いて行うかである。

相談者は、「これってパワハラですよね!?」と尋ねてくる場合が多い。しかし、「その通りです。それはパワハラです」と、私が勝手に判断するわけにはいかない。これまで説明してきた通り、法律は結構アバウトで、「人格権を侵害する行為はいかんよ」と言っているにすぎない。法律では、どんな場合が人格権侵害となるかについてまでは定めていない。

となると、人格権の侵害にあたるかどうかは、過去の裁判例などを踏まえて解釈するほかはない。では、過去の裁判例の考え方とはどういうものか。私なりに整理してみよう。

Ⅰ　まず、有形的な暴力は、それ自体が犯罪行為であるから、その事実があれば人格権侵害にあたることに疑いはない。このような事例は、拙著『人が壊れてゆく職場』の第三章で紹介した事件がある。参照してもらいたい。

Ⅱ　配置転換や、仕事の取り上げ、過度の仕事の配分などについては、配置転換に関する考え方、業務命令に関する使用者の裁量権限に関する考え方に基づき、違法性を検討する手法が中心である。業務に関する裁量権が企業に広範にある以上、いかなる業務命令をしても基本的には合法ではあるが、それが違法になる場合、労働者の人格権侵害をともなう、という発想を取る。

この点、前述したトナミ運輸事件（67ページ参照）では、富山地裁は、使用者の人事権も労働契約の本来の趣旨に即して、合理的な裁量の範囲内で行使できるものとの判断を示している。この判断は、使用者の裁量権を無制限に認めるものではなく、契約の趣旨に即した合理的な裁量との限定を加えた点で大きな意味がある。裁判所で人事権に関する裁判官の考え方を聞いていると、使用者には無制限の権限を認めるかのような発言を聞くことが多いので、その点にはこの判例の考え方によって歯止めをかけていく必要がある。

この種の事例として、後述の第7章でH社事件を取り上げる。

Ⅲ

長時間労働によって精神疾患を発症した場合は、古典的な意味での安全配慮義務違反を問題にしやすい。

第3章で取り上げたSHOP99事件は、この事例に属する。

Ⅳ　しかし、最も例の多いのは言動の暴力である。第１章のＩ社事件、第２章のＥ社事件はこの種の事例に属する。

こうした場合は、人格権侵害が行われた不法行為として検討するか、あるいは就業環境調整保持義務違反によって人格権侵害が行われたと考えることになる。

では、この場合で、いかなる場合に人格権侵害となるのか。

この点については、加城千波弁護士が、ある行為が違法なパワハラか否かを示す判断基準として、「判例は、人格権を侵害する言動か否か（言動の内容、目的、方法、程度などから考慮する）、業務の範囲を逸脱した合理性のない命令等か否か（業務上の必要性、不当な目的や動機の有無などが考慮される）によって判定している」と論文に書いている（「パワハラ裁判の動向と問題点」季刊労働法２３０号30頁）。

被害者基準で考えよう

Ⅳの、言動に関する基準はわかりにくい。

私なりに解釈すると、これは結局、その言動の内容や目的、方法、程度、回数といった事実関係の諸要素を集めて、常識的に見てそんなこと言われたりされたりすると人は大いに傷つく——こういう場合を人格権侵害にしましょう、と言っていると考えられる。となると、「人を傷つける言葉」であるかどうかを判断するのは、結局、裁判官ということになる。だが、裁判官任せの判断でいいのだろうか。

そこで、私が考えているのは、「被害者基準の基準論」である。

これは、セクハラに対する考え方が参考になる。セクシュアルハラスメントは、「相手方の意に反する性的言動」と定義される。ポイントは、「相手側の意に反しているかいないか」だ。すなわち、セクハラになるかならないかの分水嶺とキーワードは、「相手側の了解」である。これをパワハラにも応用してみてはどうだろう。パワハラも、発せられた言動が、「被害者が、了解できる行為か否か」ということで判定するということだ。

諸事実を集めて判定する

しかし、問題もある。それは、立証という問題である。

発せられた言動が許せないと思っているか否かは、被害者以外にはわからない。また、そのときは黙っていた被害者が、後でその言動を問題にするケースもある。このようなケースでは、そのとき嫌だと思っていた事実を後から証明するのは難しい。

その証明のためには、判例の基準と似てくるが、諸事実を集めて判断するほかはない。被害者が当時から嫌だったということを書き残していたり、第三者に話したりしていれば立証も可能だが、そうでない場合は、被害者の置かれた当時の状況について、それを推し量る諸事実を集めて判定するほかはない。

その諸事実とは、次のようなものだ。

その言動の前と後の被害者の様子はどうだったのか。行われた行為やその現場の状況はどうだったのか。その行為が行われた回数、間隔、その状況に至るまでの経緯はどうだったのか。その行為は労働基準法や刑法などの法令に明確に触れる行為であるか否か。被害者の出勤状況や勤務態度への影響はどうだったのか。被害者がその行為をされた後、職場の同僚の誰かが何らかのフォローをしているか否か。それが労働条件上の対価関係に反映していたり、実際の労働条件に影響していたり、仕事を継続することが困難になったり、何らかの不利益が発生したりしていないか。

——以上のことである。

結局はケースごとの判断

第1章のI社事件の場合、その言動を、私の考える「被害者基準の基準論」で見るならば、同じような叱責が複数回、しかも長期間にわたって何度も継続されていること、本来は合法的な存在である労働組合との関わりについて、それがいかにも背信的行為であるかのような筋違いの議論で暴言を吐かれていること、暴言が開始されて以降、数ヶ月後にはMさんはうつ病を発症していることといった事情から考えれば、その言動は被害者からして許せないものと判断できよう。

第2章のE社事件の場合、「殺す」「頭、おかしいんじゃない」「窓から飛び降りろ」といった発言は、言うまでもなくひどい内容だ。だが、発言が行われた期間や回数といった事実関係ははっきりしていない。ただ、上司という立場を利用した不必要な嫌がらせ、休日を取れないといったストレス過多な状況を考えたとき、被害者基準で見れば、それらの言動は被害者にとって許せないものと判断できる。

しかし、何がパワハラにあたるのかについては、結局、ケースごとに判断が求められるので難しい。ただ、パワハラ事件にはいくつかのパターンがある。どのようなケースが違法視され、どのようなケースが違法視されなかったのか。それを知ることで、判断する素材の引き出しが増えることは間違いない。

以下の章では、事件がどのように争われたのかも含めて、再び私の担当事例を紹介していきたい。

第 5 章

パワハラのパターンⅠ

労働契約を結ぶ際の嫌がらせ

A社事件：労働契約を結ぶ際のトラブル

パワハラは、通常、職場における人間関係のトラブルが原因で発生する。他方、労働契約を結ぶ際にパワハラの被害に遭ったという事例はあまり聞かない。だが、以前、私に寄せられた契約締結をめぐるトラブル事例があった。これを通じて、契約締結の際の問題を見てみたい。事例は、A社事件である。

A社は、スペースデザインやグラフィックデザインの企画、設計、施工、及び販売などを行う株式会社である。具体的には、スクリーン印刷と呼ばれるものを手がけ、車両のマーキングや店舗・商業空間のサイン・グラフィックにおいて特殊印刷技術を活用し、企画から印刷、施工までを行っている。従業員数は、100名ほどであった。

Yさんは、A社に採用される際にトラブルに巻き込まれた。

Yさんは当時、54歳。妻と二人の子どもを抱え、一家の大黒柱として主たる生計を担っていた。A社への転職を考えていた当時は別の会社で働いていたが、その職場はコンプライアンスが守られていない劣悪な労働環境下にあった。また、大学受験、高校進学を控えた子どもたちの学費の問題を抱えていたため、できるだけ早い時期に、より収入の高い会社での就労を考えていた。そこで、それまでのキャリアを生かす形での転職を考え、管理部門、経営企画部門で責任のある地位に就くことを求めて就職活動を行っていた。

平成20年10月下旬、Ｙさんは、Ｗ社という人材紹介会社を通じてＡ社を知り、平成20年12月29日、Ｗ社のセッティングのもと、Ａ社のＮ常務取締役と面談した。

Ｙさんは、事前に聞いていたＡ社の事業内容、募集していた職種、労働条件の内容からして、この会社であれば自分の希望と合致することから、Ａ社に入社したいと考えている意向をＮ常務に伝えた。Ｎ常務も、自分は役員としてだけではなく、実務面でも多忙を極めているので、自分をサポートする役回りの業務をして欲しいと述べた。

また、Ｙさんは、「お金のかかる子どもがいるので、早々に就労したい」とＮ常務に伝えた。年収についても、「月１００万円の１２００万円ではどうか」との提示を受け、満足できる金額であったため、了承することをＮ常務に伝えた。

Ｎ常務から、「形だけのことになりますが、会長とお会いしていただく必要があります。後日、面会をセッティングします」との説明があったので、Ｙさんはそれを了承した。

面談終了時には、Ｎ常務がＹさんに「よろしく」と握手を求め、Ｙさんもそれに応じた。

その後、ＹさんはＷ社に対して、Ａ社との話が決まったので早く働き始めたい、早急に話を進めて欲しいと要請した。Ｗ社からは、新年早々の入社は無理だが、２月入社で進めていくとの返事があった。そこでYさんは転職できることを確信し、前職の会社を退職した。

仕事を開始できない

ところが、平成21年になっても仕事開始の目処《めど》は立たなかった。

入社条件の、A社の会長との面会すらなかなか実現しない。Yさんは W社に対して毎週、「どうなっているのか」と連絡し続けた。

就労開始予定日の2月1日が過ぎた。2月6日になってW社を訪ねたところ、A社としてはYさんをなんとか2月に入社させたいと考えていたが、2月は決算期なのでバタバタしていて、社員を新たに迎え入れるのは難しいと言われた。A社としては、新年度の3月から迎え入れたい、こちらとしてもその方向で対応するという趣旨の話があった。

これにひとまず安心したYさんだったが、3月が近づいても会長と面会するという話がない。Yさんは、本当に3月から就労を開始できるのか不安を覚え始めた。その頃、知人から、年収1000万円以上を約束する就職口の紹介もあったため、A社で就労開始ができなければ別の就職口を検討しなければならないと考えていた。

そこで2月17日、Yさんは再びW社を訪れ、この事情を伝えた。この際、W社の担当者は、

「A社であれば長く勤められるし、現在の社会情勢から見て条件が最も良いので、もう少し待って欲しい。Yさんはすでに N常務と面会もしていて、入社自体に何の問題もない。会長との面談という社内儀式が残っているだけだ。近く面談を設定するので、スケジュールを空けておいて欲しい」と話した。Yさんとしてもそこまで言われるのであればと考え、知人の紹介を断り、スケジュールを空けて会長との面談がいつセッティングされてもいいように備えていた。

しかし、W社からも、A社からも一向に連絡がないまま、2月が経過していった。

いつまでたっても話が進まない

その後も同様の事態が続いた。

Yさんは、3月16日、4月10日、24日とW社を訪ねたが、W社の回答は、3月の間は4月から、4月の間は5月から働けるようにA社と調整中というだけで、とにかく待って欲しいという一点張りだった。

5月1日、Yさんが再度W社を訪ねたところ、A社のN常務と面会することになった。N常務はYさんに対し、「社内体制を整備するのに時間がかかっている。年数千万円もの経費がかかるコンサルティング会社との契約を整理したので、月100万円の支払いは可能だ。だが、Yさんの実力は未知数なので、コンサルタント会社との契約同様、最初は業務委託という形での就労開始ということでもいいか」とYさんに尋ねた。

Yさんは、「初めてお会いしたときに話したように、私には、今、経済的な余裕がありません。新年度になって子どもの学費の支払いなどもあるため、早く仕事して収入を得たい。雇用形態にはこだわらない」と回答した。

するとN常務は、「了解した。それでは早々に社内で調整する。近々、社内を見に来てもらいたい」と回答した。N常務は面談終了時、12月のときと同様、「よろしく頼む」とYさんに握手を求めたので、Yさんもこれに応じた。

5月21日、YさんはA社を訪問した。会長は不在で面会することはできなかったが、N常務は会社を案内し、事業、業務についてYさんに説明した。

しかし、6月になっても就労できない状況が続いた。Yさんは、6月4日と18日に、早急に対応して欲しいとW社に依頼したが、W社は、現在、A社は社内で調整中である、もう少し待って欲しいという回答を繰り返すだけだった。

7月1日になり、Yさんは、N常務と再び面会した。

N常務は、「長く待たせて本当に申し訳ない」とYさんに謝罪した。Yさんは、「半年間も収入がなく、経済的に苦しい状況にある。早々に仕事をさせてもらい、収入を得たい」と訴えた。

N常務は、「了解した」と回答して、A社で考えている新事業について説明を行った。その上で、N常務は、「9月1日付で新会社を設立することになっている。早々に仕事をしてもらうが、9月1日までは業務委託という形で対応して欲しい。印刷業界は収入水準が低いので、それまでは我慢して欲しい。新会社になれば相当額を支払うことが可能だ」とYさんに伝えた。

Yさんは、「以前にも言った通り、雇用形態にはこだわらない。早く仕事をして、収入を得ることが最優先だ。仕事をスタートさせるまでに何か勉強しておくことはあるか?」と尋ねた。するとN常務は、「印刷業界と省エネ法について勉強しておいてもらいたい」と回答した。

面談終了時、N常務はまたしても、「よろしく頼む。頼りにしているから」とYさんに握手を求めた。Yさんもこれに応じた。

しかし、その後も状況は変わらなかった。

Yさんは、8月3日、11日、19日、25日とW社に連絡を入れるが、A社で就労できる見通しは立たなかった。

9月11日、YさんはW社を訪ねた。

この頃には、温厚なYさんも、さすがに怒り心頭に発していた。Yさんは、「遅くとも3月から就労を開始できるはずだったが、どういうことか」とW社に詰め寄った。これに対してW社は、「3月に入社していたはずという認識は同じだ。条件面でも月100万円と聞いていた。N常務の不誠実さが原因だ」と、開き直って言った。

この後、N常務から電話があり、Yさんは9月26日にN常務と面会することになった。

9月26日の会話

YさんはN常務に対し、就労開始を再三求めたにもかかわらず、いつまでも働けないというのはどういうことだ。経済的な損失が大きくなって生活費の捻出のためにクレジットを利用したが、支払いが滞ってカードを止められてしまった。これによって経済的信用も失った。この間、なぜ就労を認めてこなかったのか、そのことについてきちんとした説明がなければ納得できないと告げた。

N常務は、「あのね、待たせたのはね、責任はどこにあるかというと、おそらく、やっぱり私とA社なんですよ」とその責任を認めた。

その後、YさんとN常務との間では次の会話があった。この会話は、ICレコーダーでの録音をもとに再構成している。

Yさん　会社事情というのはちょっと置いておいたとしても、採用するかしないかじゃないですか、問題は。今は採用する時期じゃないというふうに一言きちんと説明していただいていれば、救われたんだと思います、私は。

N常務　それは、私が謝らなくてはならないことなんだと思う。

Yさん　別に謝っていただいても仕方ないっていうか、あの、正直言って、私、税金払えてないんです。家のローンも払えてないんです。

N常務　家のですか？

Yさん　管理費も払えてないんです。

W社には、しつこいほど毎週のようにメールを送っていました。すると、まずはNさんと話し、翌週に会長と会えるようにするから1週間スケジュールを空けておいてくれと言われるんですよ。そう言われて、スケジュールを空けてずっと待っていたんですよ、私。これだと、身動き取れないんですよ、月曜から金曜まで。水曜日、木曜日くらいになってまたメールを送るんですよ。今週のA社の会長さんとの面談はどうなりましたか？　って。すると、Nさんからは連絡がありませんと言われるんですよ。また話が流れたのかと思って、一体、どうなっているんですか？　と聞くと、連絡が取れ次第、ご報告しますからと言われて。でも、その連絡が来ないんですよ、私のところには。

このような会話の後、N常務は、「前向きに考えよう」と語り、会長と引き合わせると話した。その際、N常務は見すごすことのできないことを言った。

N常務　うちでは、二人ほど完全に自己破産している人でも入れていますよ。会長が温情的というか、性格的にもすばらしい人ですから。だから別に……。

Yさん　それって、私に自己破産しろって言ってるんですか？

N常務　いやいや、そういうことじゃない。

労働審判の申し立て

N常務は、Yさんの入社を引き延ばすだけでなく、そのことによってYさんが受けた経済的打撃について省みようとはしなかった。その上、破産までほのめかした。ただ「前向きに考えよう」とだけしか話さないN常務の無責任な態度にあきれ果て、Yさんはこのような会社で就労したとしても将来の苦労は耐えないだけだろうと判断し、A社での就労を断念することとした。

Yさんから相談を受けた私は、10月9日、労働契約解約の申し出をA社に対し通告した。しかし、A社からは何の回答もなかった。

そこで、私はYさんと協議し、労働審判の申し立てをすることにした。Yさんの受けた経済的打撃を考えると、それを早期に回収する必要があったからだ。

本来であれば、間に入っていたW社も訴えることを考えたが、労働審判は個別労使紛争の解決という枠組みがあるため、共同被告という申し立ては考えにくい。

そこで、A社との間で労働審判の申し立てをすることとした。

申し立て内容は、労働契約が成立したにもかかわらず、いつまでも就労させないA社には

Yさんに賃金を支払う義務があるという理由で賃金請求、それが駄目なら損害賠償請求、というものだった。

賃金請求の法的構成——労働契約の成立とは

賃金請求は、次のように組み立てた。

平成20年12月29日、W社のセッティングで、A社のN常務とYさんは面会した。この面会は採用面接である。その席上、N常務は前述のように、業務内容、賃金といった具体的な労働条件をYさんに示している。Yさんは A社で働く意思のあることを伝えたところ、N常務は形だけのこととして会長との面会を行う必要があると回答し、よろしくと握手を求めている。

以上の事実に照らせば、この面会の席でYさんは労働契約申し込みの意思表示を行い、N常務は承諾の意思表示を行ったといえる。したがって、この時点で労働契約は成立したと考えられる。

労働契約の開始時期については、最終的には3月1日からというA社の意向が、W社を通じて伝えられている。ゆえに、契約の始期は3月1日となる。

労働契約とは、相手に労務を提供する意思と、その労務提供の対価として賃金を支払う意思が合致することで成立する契約である（労働契約法第６条）。極端な話、労働契約を結ぶ時点では、どんな仕事をするとか、賃金は具体的にいくらとか、そういうことは決まっていなくてもよい。ただ、「働きます」ということと、「賃金を支払います」という点での意思が合致していれば、労働契約は成立したとみなされる。

この法的な考え方に基づき、私は、平成20年12月29日の最初の面会で、YさんとA社との労働契約が成立したとみなし、３月以降は労務の提供と賃金支払いの必要が発生したにもかかわらず、A社は自らの都合でYさんに労務させなかったと組み立てた。

Yさんの労務提供を自らの都合で受けなかった場合、A社は賃金支払い義務は免れない（民法第536条２項）。したがって、A社はYさんに対し、３月以降の賃金支払い義務があるとして、賃金請求を行った。

しかし、ここには大きな問題があった。

先に記した、平成21年９月26日に行われた面会の様子を読むと、Yさんは、入社したのに働かせてもらえていないという前提に立って話してはいない。入社させてもらえるはずだったのに入社させてもらえなかったのはどういうことか、という前提に立って話している。労働契約が成立しているためには、入社して労務提供を行う意思の存在が必要だが、Yさんにはその意思がない。

この点から、賃金請求は苦しい主張だと私は考えていた。

また、Yさんの言うことに嘘はないとは思っていたが、平成20年12月29日の面談を証明する手段もなかった。

そこで、私としては、この賃金請求はあくまで第一段として、本丸は、第二段の損害賠償請求のほうを考えていた。もちろん、賃金請求されて当然のことをA社は行っている。だが、もし賃金請求が認められなかったとしても、A社は何らかの責任を取るべきだろう。そういう方向に持っていくためのいわば布石として、最初に賃金請求を位置づけたのだった。

案の定、労働審判でA社は、そもそも労働契約は成立していないと主張した。

平成20年12月29日にN常務がYさんに面会したのは事実であるが、N常務は人事採用の権限を持っておらず、また、Yさんが主張しているような事実もなかった、だから、A社はYさんに働いてくださいという労務提供の申し出をした事実はないという反論だった。

想定の範囲内の反論だった。

損害賠償請求の法的構成

損害賠償請求は、次のように組み立てた。

A社とW社は、労働契約に基づく就労開始が間近に行われるかのようにYさんに説明し続けたにもかかわらず、Yさんの就労を阻んだ。その間、Yさんは他社に就職を求めることもできず、収入を得られないまま生活費用の捻出のために借財を重ねることになった。

その結果、クレジットカード会社への支払いも滞るようになり、Yさんは長年築き上げてきた経済的信用を失った。このような状況下で、大学受験や高校進学を控えた子どもや妻との関係など、家庭内でもきしみが生じ、経済的信用を喪失しただけでなく、家族との円満な関係すら失うかもしれないという著しい精神的苦痛を被った。

これは、A社とW社の共同不法行為であり、両社はYさんに対して賠償義務がある。その被害は、少なく見積もっても500万円である。

労働契約が成立していないとみなされれば、労働契約成立のもとで認められる、就業環境調整保持義務違反といった債務不履行構成を活用できない。その場合には、交通事故と同じ、不法行為という構成を活用するしかなかった。

賠償金額を500万円としたのは、Yさんは月額100万円を見越して3月から働けると考えていた点にある。働くのが無理だとはっきりしたのが9月26日、A社での就労を断念したのが10月9日。経済的損益が生じた期間は3月から9月までの、おおよそ7ヶ月である。つまり、金銭的打撃を単純計算すると、100万×7＝700万円となる。

しかし、700万円というのは、裁判所で認められるとは思えないほど高い。だが、Yさんの気持ちのこともある。その気持ちを最大に斟酌《しんしゃく》した結果、500万円ということになった。

「契約締結上の過失」

法律学では、契約締結段階で、一方の契約当事者が他方の契約当事者の行動によって不測の損害を被ってしまった場合、契約上の信義則を根拠に、他方の当事者に賠償義務を課すという考え方がある。これは、「契約締結上の過失」と呼ばれる議論である。

契約とは、当事者相互の信頼の基礎の上に成り立つものである。契約当事者は、相互に信頼し合い、その信頼に応えるように行動しなければならない。こうした考え方を信義誠実の原則、略して「信義則」と呼んでいる。民事法の基礎法令である民法の、第1条2項が「権利の行使及び義務の履行は、信義に従い誠実に行わなければならない」と定めているのは、この考え方の表れである。

この信義則は、契約関係を支配する指導原則として位置づけられ、契約を締結する段階で相手の信頼を裏切るような行動を取った結果、相手に不測の損害を与えたなら、たとえ契約が実際に成立していなくとも、契約関係を支配する指導原則である信義則を根拠に賠償責任を認めるべきという考え方が取られる。

本件の場合も、この見解に立って賠償責任を求めることは可能であろう。ただ、これは法律にはっきりと書かれている考え方ではなく、先に紹介した不法行為構成の主張との区別もつけづらい。争点を増やせば労働審判での無用な混乱を招くだけと考えて、この考え方に基づく主張は実際の労働審判ではあえて行わなかった。ここで紹介したのは、こういう考え方もあるということを知ってもらいたかったからだ。

Ａ社の反論と労働審判の結末

さて、Ａ社は、平成21年５月や７月にＮ常務がＹさんと面会したことは認めるものの、その後９月に至るまで、Ｙさんに労働契約成立の期待を持たせる言動をしたことはないと、Ｙさんの主張する事実関係を否定し、不法行為にもならないと反論してきた。

しかし、9月26日の会話は録音記録されており、この証拠が判断を大きく左右した。N常務がYさんを採用する方向で話を進めながら、自社の都合で引き延ばしていたことを半ば認めていた言動だ。

労働審判では、裁判官が、第1回審判期日の段階で、「労働契約が成立したのだから、賃金請求義務が発生するという主張は、証拠やYさんの言動から考えても認められないと思う。ただ、Yさんの置かれた状況は理解できる。就労できたとしても、実際に月100万円が支払われたかどうかについては疑問も残るので、仮に月50万円とし、3月から9月までの総額を考えれば最大350万円となる。マックスこれくらいの金額の賠償ということでA社に提案するのはどうか」と話した。

私としては、500万円から多少減額されることはやむを得ないと想定していたので、「ええ、それでお願いできますか」と話した。

ところが、A社は予想以上に抵抗した。特に、この事態に至った半分の責任はW社にあるではないかと強調し、半額以上の責任を負うことを頑《かたく》なに拒否した。だが、裁判官の粘り強い説得によって、第3回審判でようやくA社はYさんの納得する金額の支払いに同意した。

こうして、労働審判は調停成立ということで終結した。

モラルの崩壊

このような、労働契約締結に関する事件を担当したのはこれが初めてだった。Yさんが事態をもう少し早く見切っていれば、ここまでの大事《おおごと》には至らなかったかもしれない。だが、Yさんを責めるのは酷というものだろう。A社が採用の期待を持たせるような言動をYさんに繰り返してきたのは紛れもない事実なのだから。ちなみに、A社が採用になかなか踏み切らなかった理由は今も不明である。

ともあれ、労働契約の成立現場は、人と人との社会的接触が開始される場面である。この場面では、お互いに節度を持って、相手の尊厳や法益を侵害しないような配慮をするのは当然のことである。その点の不履行が責任追及の理由になった。

これは本来、労働契約上の義務の話というよりは、社会人としてのルールやモラルの問題だろう。しかし、そのモラルが壊れ始め、しかも話し合いでも解決に至らず、トラブルを裁判所で議論しなければならなくなっているのが現代という時代なのだろうか。

採用面接における問題

社会人としてのルールやモラルの問題を考える素材に、採用面接の問題がある。

採用面接の場で、面接官が精神障害の既往歴や治療の有無を聞く、私的な趣味や嗜好にまで立ち入って聞くという話をよく耳にする。

こうしたことに問題はないのだろうか。

まず、採用面接と精神障害に関する質問について考えてみよう。

三菱樹脂事件（最高裁昭和48年12月12日判決）では、企業における採用の自由を認めており、企業が採用応募者の精神障害について問い、その結果を踏まえて採否を検討することは違法にはあたらないとしている。現に、「企業が採用にあたり、労務提供を行い得る一定の身体的条件、能力を有するかを確認する目的で応募者に対する健康診断を行うことは、予定される労務提供の内容に応じて、その必要性を肯定できる」と判断した裁判例もある〈B金融公庫〈B型肝炎ウイルス感染検査〉事件、東京地裁平成15年6月20日判決〉。

私は、一般論としてこうした考え方があることに反対はしないが、この裁判例の考え方は厳格に解釈されるべきだと考えている。つまり、企業における採用面接は、あくまで求める労務遂行能力があるか否かを審査するために行われるものであり、労務遂行能力との関連がある場合にのみ、そのような類の質問の合理性は肯定されるということだ。

　そうでなければ、精神障害に関する質問は、応募者のプライヴァシー権を侵害するものとして不法行為となり、賠償の対象となると考えるべきものである。不必要な調査をすることが不法行為に該当することは、先の裁判例でも言及している。

　こうした考え方に立てば、精神障害の既往歴を聞くことは、基本的に正当化されるものではない。既往歴とは、すでに治療が終了したものを指す。終了したということは治癒したということだから、現在の労務遂行能力とは基本的に何の関係もないことになる。

　次に、採用面接における、私的な趣味や嗜好にまで立ち入る質問について考えてみよう。

　これは、例えば女性に対してする、「彼氏はいるのか」「結婚の予定はあるか」「子どもを作る予定はあるか」「実家住まいか」といった質問のことである。

　こういった質問は、労務遂行能力とどの程度の関連性があるのか。関連性がなければ、無闇に人の嗜好などについて立ち入って聞くことはプライヴァシー権侵害の不法行為となる。

　それ以前に、女性に結婚や出産の予定を聞く、実家住まいか否かを聞くなどはもっての外だ。もし、結婚や出産、実家住まいか否かが労務遂行能力に影響があるととらえているのであれば、それ自体が極めて問題のある見解である。

面接の場で、いわば不利な立場に置かれている者にとっては、不愉快な思いをしてもいちいち腹を立てていられないかもしれない。しかし、そうした面接が繰り返されることで、自信を喪失し、有為な人材が社会に貢献する機会を失うことも出てくる。面接を行う側にしても、応募者へ嫌がらせしても得られるものは何もない。いずれにしても、社会にとって無益でしかないのだ。

私は、これは、採用する企業の側がマナーとして心得ておくべきことではないかと考えている。

第6章

パワハラのパターンⅡ

再び、言葉の暴力を考える

M社事件：本当にひどい事件

パワハラ相談の圧倒的多数を占めるのが、「言葉の暴力」に関するものであることはすでに触れた。

言葉の暴力に関連する事例は第1章と第2章でも紹介したが、本章ではM社事件を取り上げる。これは、本当にひどい言葉の暴力が行われた事例だ。ここでは、事例の紹介とともに、法的な考え方や立証の様子についても触れてみたい。

M社は、関東で有料老人ホーム、グループホーム、ショートステイ、デイサービス事業を運営している、従業員数700名ほどの会社である。

Iさんは平成22年3月16日、3ヶ月間の試用期間を含むという形で正社員として入社した。Sが施設長を務める特別養護老人ホームで、機能訓練指導員として勤務していた。

機能訓練指導員とは、看護職員、作業療法士、柔道整復師、言語聴覚士、理学療法士、あん摩マッサージ指圧師のいずれかの資格を有する者で、特別養護老人ホームの入所者に対し、日常生活を営むのに必要な機能を改善し、その減退を防止する訓練を行う者のことである。簡単にいえば、老人ホームの入所者に、リハビリやマッサージを施す者のことである。特別養護老人ホームは、その資格を持つ者を最低一人以上は配置しなければならないとされている。

Ｉさんは、あん摩マッサージ指圧師の資格を持っていたが、マッサージ以外の経験はなく、マッサージ以外の機能訓練については教えてもらいながら働いていた。

執拗な言葉の暴力

Ｉさんは入社後、Ｓ施設長から執拗な言葉の暴力を受けた。

それは、例えば次のようなものであった。

「おまえは目つきが悪い。オレに喧嘩を売ったり、声にドスをきかせて人を脅したりしている」

「おまえはドラえもんのジャイアンみたいだ。スタッフ、利用者様を見下して馬鹿にしている」

「おまえはスタッフ、利用者様との間に壁を作っていて溶け込めていない。だから誰にも信用されず、信頼関係を築けていない」

「おまえはコミュニケーション能力に障害があるから、精神科に行って診てもらったほうがいい」

「おまえは自分の心を閉ざしている。頭がちょっとおかしいから、精神安定剤でも飲んだほうがいい」

Iさんはこのような暴言を受け続け、精神的にも肉体的にも苦痛を感じるようになったという。そして平成22年5月1日に心療内科の診察を受け、抗不安薬の処方を受けた。S施設長の暴言は、5月以降もさらに激化していった。

「おまえは精神科の医師に、オレにいじめられていることを伝えたんだろう?」

「おまえがアルバイトにでもなれば、怒らないでやるよ。そのほうがお互いに気が楽だろう? アルバイトでも週に5回出勤してもいいぞ」

4時間半にわたる拘束

S施設長の暴言はさらに続いた。

平成22年6月12日。S施設長が以前、「おまえみたいに精神を病んでいる奴は、いつ利用者様に手を上げるかわかったもんじゃねえなあ」と言ったことについてIさんが確認すると、

S施設長は「そうだよ。うん、言ったよ」と認めた。Iさんが「いくらなんでも、その発言はひどくないですか？」と抗議すると、「おまえさあ、自分の目つきをずっと見ててみ。本当にねえ、そういう感じがするよ」と言った。

Iさんの苦痛は増し、職場に行くことを考えるだけで気分が悪くなるようになった。

6月14日。Iさんは身体の不調から休むことにし、朝8時半頃、職場に電話をして休む旨を伝えようとした。ところが、電話口に出たS施設長は、その後4時間半にわたって電話越しにIさんを拘束し、次のような暴言を浴びせ続けたのである。

「え、このままやっていこうと思ってるの？　あそこまでオレに楯突いても、まだやりたいの？」

「上司に口答えする奴は会社にいらねえんだよ！　上司に言われたことが間違っていても、部下は口答えせずに言われたことをすべて飲むんだよ。すべて飲めねえんだったら会社を辞めろ！」

「今から1ヶ月間だけ猶予をやる。その期間にオレから一つでも注意を受けたり、オレに楯突いたり、悪い目つきが直らなかったり、ほかの職員から一つでも不満が出たら辞表を書け！　いいな！」

「今後、一度でも楯突いたらおまえを懲戒免職にしてやる！　おまえはクビと懲戒免職の違いがわかるか？　クビはただの解雇だが、懲戒免職にすれば、おまえはほかの会社にも二度と再就職できなくなるんだぞ！　弁護士と労働基準局を使って、どこの会社にも就職できなくしてやる！　今度オレに楯突いたら、おまえを社会的に抹殺してやる！」

「最近、施設のみんなとコミュニケーションを取って仲良くしているつもりかもしれないけど、おまえは施設のみんなに好かれてないんだからな。勘違いしないほうがいいよ。みんな、おまえのことを必要ないと思っているんだぞ」


　Iさんはこれらの暴言を受け、この日以降も職場に行けなくなってしまった。6月26日、心療内科で「反応性うつ病」と診断された。M社に電話してそのことを告げ、休職することを伝えた。その際にも、S施設長は慇懃《いんぎん》無礼な口調で次の言葉を吐いた。

「ぜひ、自主退職という形にしていただきたいと思うんです。納得していただけないということであれば、私どももちょっとね、強硬手段、つまり、社会的に抹殺することになる懲戒免職という手段を使っていくしかないでしょうね。そのほうがいいですか？」

「自主的に辞めろ」発言の背景

本件は、次のような事情が背景にあったと考えられる。

Ｓ施設長はもともと横暴な人物で、これまでも気に入らない職員に暴言を浴びせ、何人もの職員を辞めさせてきた。Ｓ施設長は、Ｉさんがあん摩マッサージ指圧師の資格以外は持っておらず、機能訓練指導員としては即戦力ではないということを気に入っていなかった。加えて、Ｉさんはきちんと筋を通す性分で、わからないことや曖昧なことについては問い質すような話し方をすることも、Ｓ施設長は気に入らなかった。

しかし、Ｉさんから見れば、Ｓ施設長から文句を言われる筋合いはなかった。おかしいことはおかしいと指摘し、職場を合理的に運営すべきと考えることは当然のことである。また、Ｉさんは、あん摩マッサージ指圧師であって、機能訓練指導員としての仕事全体の経験があったわけではないことは、入社の際の面接でも述べている。実際、Ｍ社は、マッサージ以外のことについては学びながらやってくれればよいと言って、Ｉさんを採用している。だから、機能訓練指導員としての仕事について把握していないことがあっても、それはＩさんからすれば仕方のないことだった。

こうした両者の状況の違いから、S施設長は、Iさんが、これを教えてください、ここはどうすればいいのでしょうか、これでいいのでしょうか、これはこちらのほうがいいのではないでしょうか、といった話をすることを「反抗的」だととらえるようになったと思われる。やがてS施設長はIさんを疎ましく感じるようになり、Iさんの一挙手一投足を取り上げて暴言を浴びせるようになった。その行き着く先が、6月26日の発言。つまり、「自主的に辞めろ」だったわけである。

解雇を受けて、提訴へ

以上の状況を受け、Iさんは私のところに相談に訪れた。

私は、Iさんの体調のこともあるのでしばらく休職してもらい、その間、M社と復職に向けた職場環境の整備について協議しようと考えて受任することにした。

私がM社に連絡を取る直前の7月15日、M社は8月15日付で解雇する通告を突然、Iさんに文書で送付してきた。Iさんは試用期間を経て、本採用されたばかりだった。解雇理由は、「職務命令に対する重大な違反行為(具体的には、あなたの職務遂行上、利用者様の安全確保に支障をきたすことが度々あったこと）による解雇」とされていた。

10月1日、M社は解雇理由として、合計14項目のクレームがあった具体的事実を列挙する文書を送ってきた。

この事態を受け、私は、同じ事務所の今泉義竜弁護士に、ともに事件に取り組んでもらうよう依頼し、M社に交渉を申し入れた。M社も弁護士を立ててきたが、M社には解雇を撤回する気もパワハラを認める気もなく、話し合いはまったくの平行線を辿った。

私は、この事件は証拠が比較的しっかり揃っていたので、労働審判による解決も可能だと考えた。しかしIさんは、簡略な手続きで進む労働審判での事件の決着を拒んだ。Iさんの怒りはすさまじく、本裁判でしっかりとM社とS施設長を裁いて欲しいという意向だった。

私は、裁判がIさんの病気に悪影響を及ぼさないかと心配し、そのことをIさん本人にも伝えたが、結局、Iさんの強い意向を受け、M社とS施設長を被告として、本裁判を提起することになった。平成23年3月のことである。

「人を壊す発言」は許されない

ここで、言動による暴力はどのような場合にパワハラにあたるとされるのか、裁判例を中心に見ていこう。

例えば、三井住友海上火災保険事件である。これは、地裁と高裁とで判断が分かれた、パワハラ判断の難しさを示した事例である。

同事件では、保険会社のサービスセンター（SC）で、上司が部下の業績に関連して、「意欲がないなら会社を辞めるべきだと思います。当SCにとっても損失そのものです。あなたの給料で業務職が何人雇えると思いますか。（中略）これ以上、当SCに迷惑をかけないでください」という内容のメールを当人を含む職場の十数名にメールしていたことが問題になった。

東京地裁は、これらの言動は退職の働きかけやほのめかしにあたらず、一時的な叱責であると理解できる、また、叱責としては強度だが、ただちに業務指導の範囲を超えているとはいえないと判断した（東京地裁平成16年12月1日判決）。

一方、その控訴審である東京高裁は、この言動は退職勧告とも会社に不必要な人間とも取れる表現、人の気持ちをいたずらに逆撫《さかな》でする侮辱的言辞であり、本人の名誉感情を毀損し、不法行為であると認定した（東京高裁平成17年4月20日判決）。

東京高裁で事実関係の追加があったのか、そのあたりの事情は不明だが、地裁と高裁も、基本的には同じ事実関係、証拠関係であったはず。しかし、両者で評価が異なった。

もう一つ、トヨタ自動車事件（名古屋地裁平成20年10月30日判決）を紹介しよう。

トヨタとの共同開発事業で同じ職場にいたデンソーの社員に向かって、トヨタの社員が週間業務報告書に「同じことを何度もやるな！」「データまとめはいつになったら出てくるんだ！」などといった書き込みをし、会議の席上でも、「○○さん、もうデンソーに帰っていいよ。使い物にならない人はうちにはいらないから」と発言したという事件である。

この発言について、裁判所は、パワハラと評価されても仕方がないと判断している。

これらの事例で、なぜ発言が不法性を有すると判断されたのか。事例の証拠や前後関係にわたる詳細な事実関係を知らない以上、正確な判断はできない。だが、「人を壊す発言」と判断された場合、それはパワハラにあたると考えられるのではないかという感想を私は抱いている。

「あなたの給料で業務職が何人雇えると思いますか」「使い物にならない人はうちにはいらない」といった、その職場において貢献できるものは何一つないといったような発言は、その人のすべてを否定するものである。それは、まさに「人を人と見ない」ものである。こうした発言にさらされた人の苦痛はいかばかりであろうか。まさに、私の提唱する「被害者基準の基準論」からすれば、人の人格を全否定する発言など、到底了解できるものではない。こうした発言がまかり通る職場とは、まさに〝人が壊れてゆく職場〟ではないのか。

この意味で、私は三井住友海上火災保険事件の東京高裁の判断と、トヨタ自動車事件の名古屋地裁の判断は、正当なものであると考えている。

「この事件で2例目です」

話をM社事件に戻そう。では、本件の場合はどうか。

象徴的なのは、6月14日のS施設長の電話である。病気で休みたいという用件は、1分もあれば済む話だ。なのに、S施設長は4時間半にわたってIさんを拘束し、「上司に口答えする奴は会社にいらねえんだよ！　上司に言われたことが間違っていても、部下は口答えせずに言われたことをすべて飲むんだよ。すべて飲めねえんだったら会社を辞めろ！」と絶対的な服従を強い、「今後、一度でも楯突いたらおまえを懲戒免職にしてやる！」と脅した。

Iさんは、それまで健康であったにもかかわらず、「反応性うつ病」と診断されている。

こうした事情や、入社直後から継続的に暴言を受け続けている事実を考えたとき、通常の感覚からすれば、到底許容できない言葉が向けられていたと解することができよう。

ちなみに、本件は、担当した裁判官が、「職業柄、こうした訴えはよく見かけるが、私が本当にひどいなと思ったのは、この事件で2例目です」と述べた。裁判官の感覚からしても、本件は相当にひどい事件なのだ。

見すごせない事実

裁判は、解雇の有効性とパワハラの成否の二つの論点をめぐって、Iさん側、M社側それぞれの立場から、自分たちの言い分を書面で出し合って応酬する形で進んだ。

解雇については、法律上の規制がある。

使用者が一方的な意思表示で労働者との労働契約を解消しようとすること（解雇）は、客観的に合理的な理由を欠き、社会通念上相当であると認められない場合は、その権利を濫用したものとして、無効とされる（労働契約法第16条）。

解雇によって賃金収入を絶たれることは、労働者にとって極めて大きな打撃となる。したがって、使用者が労働者を解雇する場合には、世間的に見て、「それなら仕方がない」と思われるレベルの理由が存在する必要があるという規制である。

本件の場合、「利用者様の安全確保に支障をきたすことが度々あった」という具体的事実に基づくとした解雇に客観的に合理的な理由があり、社会通念上相当といえる場合と判断されるものか否かということが問題となる。

M社側は、当然、それに該当すると主張した。私たちは、M社側が挙げてきた事実は、いずれも事実無根、あるいは事実の歪曲であって、到底解雇の正当な理由になるものではないと反論した。

私が特に注目したのは、試用期間を経てIさんが本採用されている事実である。Iさんは、6月14日から職場を休み、26日から休職ということで連絡を入れている。つまり、Iさんが実際に職場にいたのは、平成22年3月16日から6月12日までの期間となる。当然、M社がIさんに職員として問題ある行為があったと指摘している事実は、すべて6月12日以前の行為である。だが、試用期間は6月15日に満了し、Iさんはそのまま本採用となっている。M社側がIさんに問題行動があると考えていたのなら、M社は本採用せず、試用期間満了をもって解雇とするのが筋ではないか。

以上のことを私たちは主張した。

裁判の結末

他方、パワハラの論点においては、私たちは前述した事実関係について、前後関係も含めてパワハラの事実を挙げ、これは不法行為にあたるとして、Ｍ社とＳ施設長側が責任を取るべきだと主張した。Ｍ社側は、当初、事実関係がそもそも存在しないといって争っていたが、最終的には事実関係を争わず、不法行為になるかどうかという評価面を争った。

平成23年11月に入ると、裁判官から和解の示唆があった。先に紹介したように、裁判官はＩさんの主張に理解を示し、Ｍ社側に責任を取ってもらう形で事件を早期に終結させたほうがよいと述べた。Ｉさんも、提訴時には、Ｓ施設長が転任するという条件でＭ社に復職する意向を持っていたが、この時期には、Ｍ社にはもう戻りたくないという意向を示していた。そこで私たちは、Ｍ社、Ｓ施設長に謝罪してもらい、その上で、解雇を撤回、ＩさんとＭ社との合意でＩさんが退職したこととし、あとは解雇の問題、及びパワハラの問題に関しての解決金をＭ社・Ｓ施設長に支払ってもらうという内容で和解を希望し、その線で協議が進められた。

結果、平成23年12月、この内容で和解が成立した。パワハラ事件の相場からすれば非常に高額の評価を受けた。また、解雇事件の解決としての水準もクリアし、私からすれば、非常に高い水準の和解となった。

以上を受けて、本件は解決した。

ポイントは「暴言の証拠」

金銭的に高い評価を受けたのは、証拠がしっかりと揃っていたことが大きい。

言葉の暴力の場合に証拠となるのは、本人の証言のほか、メモ、電子メールや業務上の報告書等による記載文書、第三者の証言、ICレコーダーなどの録音記録といったものが考えられる。

本件の場合、第三者の証言が得られていたこと、また、6月以降についてはICレコーダーの録音記録が存在していた。M社側が、当初はパワハラの事実関係を否定していたのに、途中からこれを否定できなくなったのは、録音記録を突きつけられたからである。

パワハラの立証においては、このICレコーダーによる録音記録の価値が極めて高い。振り返ってみれば、第1章のI社事件でも、録音記録の存在が一つの決め手となった。後述する第7章のH社事件でも、上司の発言が録音されていることが有利な状況を生み出した。逆に、第2章のE社事件では、ICレコーダーでの録音記録はもちろん、本人のメモすら残っておらず、証拠がまったくないことに問題があった。

また、暴言によるパワハラ事件では、周りからの証言を得られやすい。これは、暴言が、業務上の指導と称して職場全体に周知されるように行われ、職場がパワハラの状況を目撃している場合が多いためだ。同じような被害に遭って退職した人物に連絡を取ると、協力を得られやすいのである（逆に、被告と同じ職場に勤務している職員に証言してもらうことは困難をともなう）。

本件の場合も、退職した元同僚の証言を得ることができた。裁判で和解とならず、証人尋問手続きに進んでいたら、この元同僚に証言をしてもらうことになっていた。

このような証拠を集めてパワハラを立証できるか。裁判では、これが大きなポイントとなる。

M社事件を振り返って

Iさんは、和解終了後、病状も落ち着き、新しい職を得て社会復帰を果たした。

本当によかったと思う。

パワハラ事件を担当していて辛いのは、たとえ事件が解決しても、本人の病状が回復せず、社会復帰を果たせないケースに直面したときだ。パワハラを受けて精神疾患を患い、社会と何年も関われないことは、人生全体に大きな悪影響を及ぼす。つまり、本人とその家族に、大きな損失をもたらすのである。

こうした場合、いくばくかの解決金を得たからといって、それで人生を取り戻せるわけではない。解決金はないよりはあったほうがいいが、関わった事件がお金によってその一部を解決できたとしても、本人の病状が回復しなければ、真の意味で事件を解決した気になれない。こういうときが、本当に辛い。

Iさんは、ひどい被害に遭っても自分の人生を再出発させることができた。こんなときは、自分の仕事も人の役に立ったと感じることができ、事件が解決した際の喜びや達成感はひとしおである。

しかし、本当にひどい暴言があったものである。S施設長の言葉には、あきれてものが言えない。ひどい暴言に接するたびに、私は社会全体の病理を感じざるを得ない。これまでの経験上、S施設長のような言動は、残念ながらそれほど特異なものではない。

言葉の暴力が生まれないようにするためには、職場や社会全体の意識を変えていく必要がある。そうでないと、Iさんのような犠牲者がこれからも生まれ続けることになる。

第7章

パワハラのパターンⅢ

仕事の取り上げ、
本人にふさわしくない
仕事の強要と退職強要

H社事件：退職強要の手法

前章では、言葉の暴力によるパワハラを見た。ただ、言葉の暴力は、不当な業務指示や退職強要とセットになっている場合が多い。したがって、被害者からパワハラの相談を受ける弁護士としては、そうしたセットの行為が不法性を帯びているかを検討することも多い。多くの場合、退職強要の手法として使われるのが、仕事の取り上げ、本人にふさわしくない仕事の強要である。

本章では、その典型的な事例であるH社事件を見ていこう。

Oさんは、当時40代半ばの男性である。平成16年4月に労働契約を締結してから平成21年3月25日に退職するまで、H社の従業員として働いた。

H社は、旅客自動車運送事業者として、乗合バス事業や、福祉施設のバス運転の受託などを行う、従業員数100名ほどの中堅の会社である。平成19年4月1日からは、ある福祉施設の送迎車両運行管理を委託されていた。Oさんは、平成19年5月21日から平成20年2月18日まで、その送迎バスの運転手として従事していた。

平成20年2月18日、Oさんは福祉施設の副所長との間でトラブルとなった。Oさんが自らの労働条件について、H社と福祉施設の契約書を見せてもらって確認したいと副所長に頼んだのだ。副所長はかねがね、「契約書を見たければ見せる」と言っていたので、Oさんはその言葉に甘えたのだったが、実際に頼んでみると、副所長はOさんの依頼に激高し、「おまえ、今日帰れ。帰っていいよ」などと言って職場から締め出した。

施設から連絡が入ったH社では、即座に翌19日から派遣しないことを決め、Oさんに対し、会社に直接出社することを命じた。

「下車勤」の指示

平成20年2月19日、H社はOさんに対し、「社内での内勤を命じる。別命があるまでは待機」と指示を下した。これは、バス会社やタクシー会社などで、「下車勤《げしゃきん》」と言われる、いわば制裁措置含みの業務指示である。

運転手として採用されている者にとって、運転できないのに出勤しなければならないというのは極めて苦痛な事態である。会社は、問題ある行為をした運転手従業員に対して、あえて苦痛を強いることで自らの行為を振り返り、反省する時間を設ける。下車勤とは、そうした対応を指す。

H社がOさんに命じた下車勤も、顧客先の不興を買うという、バスの運転手としてふさわしくない行為をしたことについて反省を促すという意味においては、正当性を有する可能性がある。Oさんにしてみれば、まさか怒られるとは思わなかった問題で、いわば「逆ギレ」されたわけであるから、反省する点はない。だが、H社としては、顧客対応に気をつけるべしとの戒《いまし》めの必要性はあり得る話である。ただ、仮に正当性を有するとしても、やりすぎは問題だ。

ここで、Oさんの下車勤の内容を見てみよう。

Ⅰ　まず、H社は下車勤の目的を、「同様の事態を再び起こさないために、Oさんに自発的で真摯な反省を促すため」としている。

Ⅱ　Oさんに与えられた業務は、バスの清掃、及び社屋内外の清掃だった。これは必要性に乏しい、見せしめ的な意味合いの強い業務だった。

Ⅲ　バスの清掃業務は本来、運転手の担当する業務だった。また、社屋内外の清掃は、繰り返し同じ場所を清掃させる単純作業だった。

Ⅳ　指示のない時間帯では、Oさんをただ待機させるだけの状態に置いた。

Ⅴ　Oさんに対して具体的な改善指導をまったく行わず、福祉施設との間で起きた問題点について注意指導する、研修を受講させるといった措置は取られなかった。

Ⅵ　Oさんに対する内勤業務は、平成20年2月19日から、Oさんが休職する前日の平成20年9月26日まで続いた。

Ⅶ　内勤業務について期限を設けず、「おまえ、どうすんの、本当に。これ、悪いけど、半年や1年は続くよ」と、Oさんの上司であるK部長は嫌がらせとも取れることを語った。

この下車勤は、正当な業務指示だろうか。

H社は、内勤業務を課し続ければ、Oさんが精神的に辛い状態に置かれ、病気になることもあり得ることを認識していた。K部長が、「君、精神的にそれこそ本当に病気になっちゃうよ」などと発言していたことからも、それは明らかだった。

懲戒処分の乱発

Oさんは、「いつまでこんなことが続くのか」「自分にはこんな目に遭う覚えはない」「一度清掃したのに、また同じことを繰り返さなければならないのか」とK部長に尋ねた。K部長は、Oさんの態度を反抗的だととらえた。

そして、自分の指示に従わないのは業務命令違反にあたるとして、Oさんに対し懲戒処分を乱発した。それは、次のようなものであった。

1　平成20年4月28日、清掃業務の拒否と勤務態度が悪いという理由で譴責《けんせき》処分。
2　平成20年5月1日、仕事をさぼって休憩室にいた、業務中に新聞を読んだという理由で譴責処分。
3　平成20年6月1日、出勤しても何もしない、清掃を行ったとはいえないという理由で譴責処分。
4　平成20年6月1日、出勤しても何もしない、厳重注意しても前向きな姿勢が見られないとして、譴責処分。
5　平成20年7月9日、出勤しても何もしない、厳重注意しても前向きな姿勢が見られないとして、譴責処分。
6　平成20年7月10日、態度の改善が見られないとして、7日間の出勤停止処分。
7　平成20年8月28日、度重なる業務指示無視等を理由に、7日間の出勤停止処分。

指示を受けた作業に誠実に従事していたOさんにとって、この一連の処分は不誠実極まりないものだった。

また、「出勤しても何もしない」という理由で譴責処分が下されているが、Oさんは、例えば6月1日は休日で出勤していなかった。また、7月10日の場合、譴責処分を下した翌日に、「態度の改善が見られない」としているが、「態度の改善」についてH社が具体的な検討をしていないことは明白だった。

違法なトイレ清掃作業への従事、退職、提訴

Oさんは、H社の執拗な嫌がらせにもかかわらず、内勤の業務に耐えて従事し続けた。

しかし、ついにOさんの堪忍袋の緒が切れる事態が起きた。

H社は平成20年9月16日、Oさんに「トイレ清掃を含む清掃作業に、一日中、従事しなければならない」という内容の業務指示文書を手渡したのだ。

トイレ清掃はもともと別会社に委託していて、わざわざOさんに命じる必要性のないものだった。H社は、あえて屈辱的な業務を命じたのだ。

やむを得ず、Oさんは平成20年9月16日から25日までトイレ清掃に従事した。

これまで耐えに耐えてきた上に、この屈辱的措置である。Oさんは次第に精神的に追い込まれていった。心療内科で診察を受けたOさんは、「適応障害」と診断され、休職の必要性があるとされた。平成20年9月26日から休職となり、半年後の平成21年3月25日、就業規則に基づいて退職となった。

Oさんは、H社の責任を裁判で訴えたいと、私のもとに相談に訪れた。私は事実関係の複雑さから本裁判で争うことを勧め、平成22年2月、H社に損害賠償の支払いを求めて提訴した。

「下車勤」の不法性

H社は、Oさんに直接「辞めろ」とは言っていない。また、辞めることを何度も求めたという実態もない。しかし私は、H社の行動は退職強要であったことは明白であると考えていた。Oさんに到底耐えられないような下車勤や懲戒処分を繰り返すことで、Oさんが自主的に退職して職場を去るという流れに持って行こうとしていたことは明らかだった。

だが、本人から本来の仕事を取り上げ、「下車勤」という業務指示をしたことが不法行為にあたると、どのように言うことができるか。

業務指示がパワハラにあたるとするには、その業務指示自体が不法性を帯びていなければならないというのが実務の考え方だ。

業務内容を限定しない労働契約の場合、原則として、使用者には業務の配置に関する広範な裁量権があるとされる。その裁量権に例外があるとされる場合は、業務上の必要性とは別個の不当な動機・目的で配置が行われた場合や、配転命令がもたらす労働者の職業上、ないし生活上の不利益が不釣合に大きい場合は、権利濫用となって違法になるという考え方が一般的である（東亜ペイント事件、最高裁昭和61年7月14日判決など）。

そこで、本件の場合も、この例外の考え方に該当するか否かということで考えていけばいいように思われるが、下車勤については、参考になる裁判例もあった。神奈川中央交通（大和営業所）事件（横浜地裁平成11年9月21日判決）である。

この事件は、接触事故を起こしたバス運転手が下車勤を命じられた事件である。その内容は、バス運転手が約1ヶ月間、営業所構内の除草作業を命じられたというものだった。

裁判所は、下車勤として除草作業を命じること自体は適法という認識を示したが、期限を設けなかったことを問題視した。また、病気になっても仕方がないとの認識のもと、終日にわたる炎天下での除草作業という過酷な作業に従事させることは、労働者の人権侵害の程度が大きく、下車勤の目的からも大きく逸脱している。さらに、恣意《しい》的な懲罰の色彩が強く、安全な運転をさせるための手段としては不適当な場合で、業務命令の裁量権の範囲外となる、との判決を下した。

この神奈川中央交通（大和営業所）事件の考え方は、東亜ペイント事件の考え方をさらに具体化したものといえる。

本件の場合も、この考え方にのっとって、次のように判断できる。

Oさんをバス運転乗務以外の業務に就かせること自体に違法性はないが、清掃業務に就かせ続ける必要はなく、これは人権侵害の程度が大きいと言わざるを得ない。下車勤の目的から大きく逸脱し、H社の取引先から嫌われたことに対する恣意的な懲罰の色彩が強く、強制的な反省、謝罪を強いることは、安全な運転をさせるための手段としては不適当であり、H社の業務命令の裁量権の範囲外となる。したがって、本件下車勤の業務指示は違法である、と。

懲戒処分の不法性

懲戒処分の不法性は、裁判例では、「使用者の懲戒権の行使は、客観的に合理的な理由を欠き、または社会通念上相当として是認し得ない場合には、懲戒権の濫用として無効になる」としている。具体的には、同じ事由で二度の懲戒処分を下したり、事由の内容に対して懲戒処分が重すぎたり、懲戒処分を下される本人に対して弁明の機会を与えることをしなかったりといった行為が、懲戒権の濫用として無効とされる。もちろん、懲戒の事由そのものの事実が存在しないのに懲戒処分を下すのは論外である。

本件の場合、前述の通り、Oさんがそもそも休日で出勤していないにもかかわらず、譴責処分を下したり、譴責処分が前日に出たばかりなのに、「態度の改善が見られない」などとしたりしていることから、懲戒処分の根拠となる事実が存在しない、したがって懲戒処分は不法にあたると判断できる。

トイレ清掃を命じた点の不法性

トイレ清掃を命じた点は、そこまでの業務を命じる必要性が本当にあったのかが争点になる。ここで、参考になる裁判例を次に紹介したい。その労働者にとって、ふさわしくない仕事に配置すること自体の問題性を指摘した判例、バンク・オブ・アメリカ・イリノイ事件である（東京地裁平成7年12月4日判決）。

この事件は、会社に勤続33年で課長職にあった男性労働者を、リストラ政策に消極的な態度を取っていることを理由に、通常であれば20代前半の女性契約社員が担当していた受付業務に配置転換したことの問題が争われた事例である。裁判例は、「元管理職を、その経験・知識にふさわしくない職務に就かせ、働きがいを失わせるとともに、行内外の人々の衆目にさらし、違和感を抱かせ、やがては職場にいたたまれなくさせ、自ら退職の決意をさせる意図のもとに取られた措置ではないかと推知される。（中略）配転は、原告の人格権を侵害し、職場内・外で孤立させ、勤労意欲を失わせ、やがて退職に追いやる意図をもってなされたものであり、被告に許された裁量権の範囲を逸脱した違法なものであって、不法行為を構成するというべきである」と判断した。

この裁判例の考え方に従ってH社事件を見てみよう。

H社は、OさんがH社の思うようにはなかなか退職しないことに業《ごう》を煮やし、Oさんを退職させようとして、H社の従業員が担当してこなかったトイレ清掃をあえて指示し従事させた。H社の措置は、Oさんをその経験・知識にふさわしくない職務に就かせ、働きがいを失わせるとともに、社内外の人々の衆目にさらし、違和感を抱かせ、やがては職場にいたたまれなくさせ、自ら退職の決意をさせる意図のもとに取られた措置ではないかと推知される。

これらから、Oさんの人格権を侵害し、H社に許された裁量権の範囲を逸脱した違法なもの、と判断することができる。

K部長をやりこめる

H社側は裁判で、下車勤は、自らの行為に対してまったく反省するところのないOさんに反省を促すために行った。しかもOさんは反省するどころか、上司の見ていないところで仕事をさぼり、上司に対しても反抗的であった。その後に命じたトイレ清掃の業務もさぼっていたため、懲戒処分に処したなどとして、下車勤、トイレ清掃がいずれも正当な業務指示であった、懲戒処分も正当なものである、と主張した。

私の仕事は、下車勤、トイレ清掃に正当性があるという主張が業務指示の裁量権の範囲を逸脱した違法性を帯びていること、懲戒処分の根拠となっている事実が存在しないことを明らかにすることだった。

この裁判のクライマックスは、Oさんの上司だったK部長への反対尋問だった。証人尋問は、ある事実の存在を証明しようとして、一方の当事者から行われる尋問のことだが、反対尋問とは、その証人が本当のことを言っているかを確かめるため、もう一方の当事者から行う尋問である。H社は、Oさんが仕事をさぼっていて、上司にも反抗的であったということを証明するためにK部長への証人尋問を申請していた。

私はOさんの代理人として、H社の言い分が嘘だということを明らかにしようと、K部長を反対尋問したのである。

業務指示や懲戒処分の違法性を争う場合、これまで述べてきたように、使用者側の指示の意図や内容が不当なものであることを明らかにすることになる。そのためには、使用者側が自らの行為を正当化していることに用いる事実は信用ならないものだということを明らかにする必要があるのだ。

まず、トイレ清掃に関する、K部長への反対尋問を見ていただきたい。K部長は、事実そのものを否定していたが、しどろもどろの言い訳しかできなかった。

笹　山　Oさんは、実際、トイレ清掃に従事してるでしょ。

K部長　いいえ、拒否していましたから、していないと思います。

笹　山　（紙の証拠を示しながら）これは、この日の業務確認書ですが、トイレ清掃が入っていますね。Ｏさんの仕事について、Ｙさんというのかな、その方が確認していますね。ここに押印がある。

Ｋ部長　はい。

笹　山　（次の証拠を示しながら）これは翌日の分ですが、Ｎさんという方が確認していますね。

Ｋ部長　はい。

笹　山　（次の証拠を示しながら）これはその次の日の分ですが、Ｍさんという方が確認していますね。

Ｋ部長　はい。

笹　山　（次の証拠を示しながら）これはその次の日の分ですが、Ｉさんという方が確認していますね。

Ｋ部長　はい。

笹　山　（次の証拠を示しながら）これはその次の日の分ですが、Ｕさんという方が確認していますね。

K部長　はい。
笹　山　これはトイレ清掃が行われたということではないんですか。
K部長　書類上はそうなんですが、実態は、これを持ってきてにらみつけたり、文句を言ったりするなど、Oさんの態度が反抗的で、そんなOさんと若い管理者とのいざこざを避けるために、ただ単に印を押しているだけという状況でした。
笹　山　あなた、それ嘘でしょ。そんなわけないじゃないですか。会社の業務として、確認できていないことに印鑑を押すなんていうのは、若いからとか、そんなこと関係ないじゃない。確認できなければ印鑑押さないで、業務指示として「清掃しろ」と言えば済むことじゃないですか。
K部長　はい。
笹　山　印鑑が押されているということは、あなた方が業務として確認したということでしょ。
K部長　違います。

これで、Oさんが「トイレ清掃をさぼっている」というH社の嘘を明らかにできた。

次に、Oさんが仕事をさぼっていることについての反対尋問である。H社の主張の根拠になっている、K部長作成の報告書に関するやり取りだ。

笹　山　Kさんがこのような文書を作成したのは、Oさんがさぼるから、それが理由ですね。

K部長　そうです。

笹　山　じゃあ、ちょっと確認しますが、この証拠を見てください。（証拠書類を示しながら）この書類は知っていますね。

K部長　はい、それは内勤日報といって、本人が当日、こういう仕事をしているというのを記入して会社に提出する書類です。

笹　山　では、別のこの証拠、「まとめ表」を見てください。（証拠書類を示しながら）この書類は、あなたが、Oさんがいつ、どのように仕事をしなかったかについてまとめて書いた報告書ですね。

K部長　はい。

笹　山　2月22日の欄を見ると、Oさんは体調不良で早退とありますね。

K部長　はい。

笹　山　では、2月22日の内勤日報を見てください。(日報を示す) この日報では、Oさんは、この日、早退していますか。

K部長　いいえ、早退していません。

笹　山　「まとめ表」の3月6日を見てください。10時20分の時点で、「Oさん、何もしていない」とあなたは書いていますね。

K部長　はい。

笹　山　3月6日の日報を見てください。(日報を示す) この日報では、Oさんは、10時20分の時点では、清掃と車のワックスがけをしていますよね。

K部長　はい。

笹　山　「まとめ表」の3月7日を見てください。15時半から、「Oさん、まったく仕事をせず休憩室で友人と話」とあなたは書いていますね。

K部長　はい。

笹　山　3月7日の日報を見てください。(日報を示す) この日報では、Oさんは、15時半から、車のワックスがけをやってるんじゃないですか。

Ｋ部長　はい。そのように書いてありますが、この内勤日報は、Ｏさんが自分で書いたものですから、これが実態通りかどうかというのは、ちょっと、というのがあります。

笹　山　だけど、こういうふうに書かれたものを会社は受け取っているわけでしょ。

Ｋ部長　はい。

笹　山　もし事実と違うんだったら、書き直しを命じることもできますね。

Ｋ部長　命じますね。

笹　山　あなたは、書き直しを命じましたか。

Ｋ部長　いえ、命じていません。

笹　山　では、続けますよ。４月20日の「まとめ表」の記載ですが……。

こうしたやり取りを延々と続けた後、次に見るように、Ｏさんが仕事をさぼるので仕方なく内勤を指示し続けたという根拠を突き崩した。

笹　山　このように、「まとめ表」と、「作業日報」とでは、書いてあることがほとんど一致していないんですよ。わかりますね。

K部長　はい。

笹　山　「まとめ表」によると、8月30日に、Oさんが上司に対して「ボケ」と暴言を言ったとあります。この上司とは、誰ですか。

K部長　私です。

笹　山　8月30日、この日、Oさんは、出勤していないんですよ。（出勤停止処分の懲戒処分の通知書を示す）ほかならぬ、あなたから通告された出勤停止処分で、8月29日から、Oさんは出勤停止になっていますね。

K部長　はい。

笹　山　あなたに対して「ボケ」なんて、言いようがないでしょ。つまり、あなたがこの「まとめ表」に書いてあることは、かなりの部分、嘘ですよね。

K部長　違います。日付を間違えただけです。

笹　山　だって、あなたは内勤日報を持っているわけでしょ。内勤日報を見ようと思えばいくらでも見ることができますね。それなのに、どうして日付を間違えた書類を作成するんですか。そのことを説明できますか。

K部長　……。

笹　山　あなたは自分で考えていることを適当に書いただけなんでしょ。

K部長　いいえ、日付を間違えただけです。

ここでは、「Oさんが仕事をさぼっている」という事実はなく、トイレ清掃を追加で命じる必要性や、下車勤を継続させる必要性、懲戒処分の根拠となる事実が存在しないことを明らかにできた。

さらに、懲戒処分についての反対尋問である。

笹　山　７月10日付の懲戒処分についてです。「度重なる業務指示無視、業務拒否を繰り返し、かつ就業時間中業務怠慢な状態が頻繁にあり、まったく改善が認められない」とありますね。これはいつの出来事ですか。

K部長　それは、過去にさかのぼってという意味です。口頭注意してもまったく改まらないので、やむを得ず書類にしたということです。

笹　山　注意しても改まらないということですが、7月10日付の懲戒処分の前の懲戒処分が下されたのは、7月9日ですよね。

K部長　はい。

笹　山　7月9日に、改まらなかったということですか。

K部長　いいえ、違います。

笹　山　10日に改まらなかったのですか。

K部長　10日ではありません。

笹　山　では、いつ改まらなかったのですか。

K部長　前日改まらなかった、ということです。

笹　山　（内勤日報の7月9日分を示しながら）この日は、Oさんは、大型バス3台の洗車活動をしています。結構忙しく働いているんですが、このとき改まらなかった。そういうことですね。

K部長　そうですね。

笹　山　7月10日の処分は出勤停止処分で、それまでの譴責処分より重い処分です。9日に譴責処分を出しながら、翌日の10日にさらに重い出勤停止処分を下したんですから、よっぽどひどい行為があったということだと思います。どんなことがあったのですか。

K部長　ちょっと思い出せません。もう毎日のことのようでしたから。

このように、K部長は具体的な事実を指摘できず、ここでも懲戒処分の根拠となる事実がないことを明らかにできた。

和解成立

私は、反対尋問以外の場面では、一連の出来事に対してOさんに非はなく、指示された業務にもまじめに精励していたにもかかわらず、不当な言葉を浴びせられるなど、いかに辛い思いを味わわされてきたかを含めて立証した。ここでも、OさんのICレコーダーによる、K部長とのやりとりの録音記録が証拠として役立った。そして、これまで見てきたように、H社が下車勤を命じ、それを継続させたこと、懲戒処分を下したことに根拠がないことを反対尋問で明らかにした。

この過程を踏まえ、裁判所では和解協議の議論が進められた。

裁判官は、K部長は真実を述べておらず、H社は、Oさんが病気になってもかまわないという意図のもと、下車勤の目的に適合しない配置を期限を設けずに行ったばかりか、働いていない、あるいは反抗的であるといった、ありもしない事実を勝手に挙げて懲戒処分を乱発した、果ては、屈辱的な内容となるトイレ清掃を命じた、これらは不法行為、あるいは就業環境調整保持義務に違反するという心証を持ってくれたと思う。当方が要求する満額での賠償での和解に肯定的な態度を示した。裁判官は、渋るH社側をむしろ説得してくれた。

最終的には、H社に対して請求した金額から多少減額した金額での和解となった。

パワハラ、いじめだけが問題になっている事件としては、それまでの判例の水準からすれば、Oさんは十分に報われた形となった。

第8章

「退職強要」をどう考えるか

「見極め」が肝心

退職強要の位置づけ

退職強要は古い問題だ。だが、この問題は独自の問題と考えられているのか、厚生労働省によるワーキング・グループの報告書にも、退職強要の問題は取り上げられていない。

言葉の暴力が発せられるとき、そこには被害者の自発的な退職が促されている場合が多い。言葉の暴力がともなっていなくても、被害者を退職に追い込もうとする言動が認められる事例は多い。つまり、パワハラ問題というのは、被害者の退職を目指して行われていることが多いように私の目には映る。ゆえに、パワハラの問題は、退職強要の問題についての検討を抜きに考えることはできない。

そこで、その典型的な事例であるF社事件を取り上げたい。

契約社員に対する退職勧奨の始まり

Yさんは、大手家電メーカーのF社に勤める当時30代の女性契約社員である。Yさんは、F社の主力商品の製造部に所属し、本社で事務を担当していた。Yさんの所属部署は、そのほとんどが正社員、ほかに数人の派遣社員、そして契約社員のYさんという人員構成だった。

驚くべきことに、Yさんは、毎年11月から翌10月末までの1年間の労働契約を、11年にわたって継続していた。その間、二度の部署異動を経験している。

そのYさんに対してF社は、理由は不明だが、平成23年9月、退職勧奨を始めた。これまでは毎年11月に労働契約を更新していたが、今回は更新の予定はないと、Yさんとの面会の場で言ったのである。

Yさんからの相談

私とYさんは、もともと別件を通じて知り合いだった。そのYさんから、「先生、実は、私のことで相談があるんですけど……」という連絡があったのは、Yさんと会社との間で1回目の面会が行われた翌日のこと。早速、その週末の土曜日に会う約束をして、事務所に来てもらった。

聞けば、F社の人事の人たちから呼び出され、二名の担当社員から次のような話をされたという。

「Yさん、今の部署はどうですか」「業績が下がってきていて、会社としては本当に心配している」「3期連続して下方修正だ」「みんな頑張っているが、なかなか業績が上がらない」

このように、F社は一見、Yさんに関係のない話を続けていたが、Yさんはピンと来たという。

「ついに来たか、と思いました」

そう語るYさんの読みは当たっていた。人事の人たちは、次のように語り始めた。

「言いにくいことなんだけど、会社がこんな状況だから、Yさんの次の契約については見合わせたらどうか、という話が社内で交わされているんだ。受け入れてもらうことはできるだろうか。考えておいてくれないか。来週、Yさんの意見を聞きたい」

会談は30分ほどで終了したという。

Yさんは、どうしたらいいのでしょうと私に聞いてきた。

私は、逆にYさんに聞いた。

「Yさんはどうしたいんですか」

すると、Yさんはこう答えた。

「私は、辞めたくありません。事務しかしてこなかった私が、こんな歳になって別の新しい仕事を見つけることができるとは思えません。それに、私は今の職場で、誰よりも会社の役に立っている自信があります。ろくに働きもせず、会社に貢献もしていない正社員だっていっぱいいます。私をクビにするなんて、こんな理不尽なことはありません。私は、むしろこれを機に正社員にして欲しいんです！」

私は「う〜ん」と、うならざるを得なかった。

Yさんの訴えは、もっともではある。

「正社員」というハードルの高さ

私は、Yさんの業務内容を一覧表にしてもらっていた。Ａ３でびっちりと箇条書きに記された業務内容は、部長の秘書的なものから、関係各所の連絡調整、物品の仕入れや他部署との調整、データ入力や会議録の作成といったパソコン関連のものまで、その部署に必要と考えられる業務のすべてを担当していたことを示していた。

これだけ広範囲に部署の下支えをしているのだから、目には見えない「縁の下の力持ち」としての貢献は絶大と思われる。Yさんの言葉にも、自信があふれていた。

かといって、「正社員にしてくれ」というYさんの要求のハードルの高さは、並大抵のものではない。形の上では、「人を雇用しろ」という話だ。弁護士が会社に要求できる話ではない。

これは困ったことになった――というのが正直な感想だった。

Yさんは、当面、私と相談を継続しながら自分で対応を続けることになった。これまでの経験上、弁護士が代理人として名乗り出た途端、会社側も代理人を立て、法律論を中心としたごりごりの議論で事が運ばれるケースが多い。法律論で議論すれば、Yさんと契約を更新しないこと自体に違法性はないとされることも十分に考えられるので、こちら側が不利になる。幸い、今のところ、F社の話しぶりからすると、Yさんとの合意を得られればという前提で退職の話が進められている。Yさんとしても、当面は自分だけで対応できると思うと話していたので、私は作戦を授ける役割を担うことになった。

「雇い止めに関する法理」

ここで、私が作戦を授ける際の視点となった、「雇い止めに関する法理」の前提に触れておきたい。

「雇い止め」とは、契約期間が満了することによって、使用者が一方の当事者に契約の終了を通告することである。これは、アルバイト、契約社員といった、期限を定めた労働契約に認められるパターンだ。

原則として、期間の満了によって契約が終了するのは当然のことである。なぜなら、有期の契約は、期間を定めることに意味があり、期間が満了すれば契約関係が終了することが契約の当初から予定されているからだ。だから、雇い止めとは、当然のことの確認にすぎないというのが基本的な取り扱いである。

しかし、それでは不都合な場合もあるのではないか。労働者からしてみれば、有期の労働契約を自ら選択したというより、期間のある契約しか選ぶことができなかったという人も多い。使用者の判断一つで、契約を更新される人とされない人が出てくるのは不合理ではないか。しかも、使用者にとって不都合があるときに労働者を合法的に追い出せるというのは、解雇規制の脱法になってしまうのではないか。

解雇規制については第６章で述べたが、ここで改めて記しておこう。

「解雇は、客観的に合理的な理由を欠き、社会通念上相当であると認められない場合は、その権利を濫用したものとして、無効とする」（労働契約法第16条）

使用者による解雇は、むやみやたらと行えるわけではない。世間の目から見て納得できる、合理的な理由がないとできない、という決まりである。

そこで裁判例は、仕事の内容、使用者の言動、契約締結の手続きなどの事情から見て、その有期の労働契約が期間の定めのないものと実質的に同一と考えられる場合、あるいは、労働者が雇用継続を期待することが合理的といえる場合には、雇い止めに際して解雇権濫用法理を類推適用すると判示している（東芝柳町工場事件、最高裁昭和49年7月22日判決。日立メディコ事件、最高裁昭和61年12月4日判決など）。

Yさんの場合、なんといっても11年もの更新実績がある。内容的にも、臨時的な従業員が従事する業務とはいえない。しかも、これまでに二度の部署異動の経験もある。この点についても正社員と比肩し得る。

これらの事実からすれば、Yさんの契約更新には合理的な理由があり、さしたる理由もなく雇い止めをすることは、違法であるという結論が出る可能性が高いと考えられた。

会社にとって「御しやすい」状況を作る

ただ、もし仮に弁護士が交渉に乗り出したとすれば、Yさんの雇用を失う可能性が高くなる。それはなぜか。

仮に雇い止めについて裁判所から違法との結論が下されても、使用者には、労働者を受け入れ、職場に配置するということについて裁判上の強制力が働くわけではない。そのため、使用者が徹底的にその職場から労働者を排斥しようという見地に立てば、雇い止めをすることは違法であることを十分に承知した上で、「金銭的な賠償をするから許してください」という土俵に持って行かれる可能性がある。そうなると、確かに一定の金銭的な補償は得られるかもしれないが、それだけでは一生食べていけるほどのお金にはならないので、仕事を失うことの打撃が極めて大きくなる。

この問題点を考えたとき、当事者が前面に立ち、会社にとっていわば「御しやすい」状況を作った上で、当事者の要求の実現に向けてぎりぎりの交渉を続けることこそが、最も得策であると考えられた。

繰り返される面接

Ｆ社の予告通り、Ｙさんは最初の面会の翌週に呼び出された。

「先週の話だけど……」と切り出した人事の担当者に対して、Ｙさんは毅然と回答した。

「私、辞めるつもりはありません。このまま、この部署で仕事を続けたいと思います」

予想外の回答だったのか、人事の担当者はびっくりした様子だったという。

Ｙさんは、いかに自分が部署に貢献しているかについて、事細《ことこま》かに「演説した」という。

そして最後に、「私は、この機会に正社員にしていただきたいんです。こんな、退職をほのめかすような話をされるのは嫌です」

わかった、もう一度持ち帰って検討すると担当者は言い、この日の面接は終わった。

しかし、翌々日、Yさんは再び呼び出された。

「この間の意見はわかったけど、会社の事情もわかって欲しいんだよ……」

人事の担当者は、この後、延々と会社の「窮状」を説明した。

Yさんは、これに屈しなかった。人事の説明に反論できることは反論し、自分がどれだけ優秀な人材かをアピールし、働いていない正社員のことにも触れ、会社全体として努力が足りていないことをアピールした。

この会談は、1時間に及んだ。

平行線のやり取りは、その翌週、翌々週と続いていった。面接は、8回にも及んでいった。

Yさんの心労と「公然化」

F社の対応は物静かなものではあったが、Yさんは徐々に疲労の度合いを濃くしていった。

会社はなんとしても私を辞めさせたいのか。こんなことが来月いっぱいも続くのか……。

10月に入ると、私はYさんに、病気を理由に会社との話し合いの回避をアドバイスした。

実際、Ｙさんは心療内科を受診したほうがよいと思われるほど心理状態が悪化していた。一方、話し合いを回避することで、時間を稼ぐ狙いも私にはあった。

Ｙさんは私のアドバイスに従い、会社からの呼び出しを何度か回避し、10月に入ってからは一度しか会談を持たなかった。そして、Ｙさんは心療内科を受診した。

Ｙさんと話し合った結果、10月の下旬にさしかかった頃、私は事態の「公然化」に踏み切ることにした。つまり、私を代理人とする内容証明郵便をＦ社に発信し、私との間で交渉を行うよう求めたのである。

私としては、契約更新期間が時間切れとなり、事実上、Ｙさんが11月を超えて就労する状況を生み出し、Ｆ社として選択の余地のない状況に追い込むことに持っていければと考えていた。

退職強要の違法性

ではここで、退職強要の違法性について考えてみよう。

契約を締結しているとき、一方の契約当事者が「この契約を破棄したい」と考え、その意思を相手の当事者に伝え、両者合意のもとで契約を解消することは、労働契約以外の場面でも普通に認められるところである。労働契約においても、それが労働者側からであれ、使用者側からであれ、「この契約を解消しませんか」と持ちかけること自体に違法性はない。

話は少しそれるが、労働者側による「この契約を解消します」という労働契約の解消の明確な意思表示を、世間一般では、「辞表を提出する」とか、「辞職する」という。労働者側からの申し入れを受けて、使用者側が合意する場合は「合意退職」になるし、就業規則等の手続きに従って労働者側の申し入れをもって労働契約が自動的に終了する場合もある。いずれにせよ、期間の定めのない労働契約の場合は、労働者が使用者に解約を申し入れることには特段の制限はない。

逆に、使用者側が労働者に対して労働契約の解約を申し入れることは、解雇の規制に抵触する。しかし、「辞めてくれないか」と持ちかけることは、基本的に問題は生じない。だが、使用者側からのそのような持ちかけは、どのようなものであっても法的な問題は生じないのかといえば、そういうわけではない。

なぜなら、当然のことではあるが、使用者が辞めて欲しいと依頼しても、労働者にはこれに応える義務はない。すでに述べたように、使用者は、使用者が一方的な意思表示で労働者との労働契約を解消しようとすること（解雇）は法律によって制限されている（労働契約法

第16条)。これは、実際の力関係は使用者のほうが上であるという、使用者と労働者の関係上、労働者を保護する立法の一つとして定められているものだ。使用者と労働者がこのような関係に立つとき、使用者がしつこく労働者に「辞めてくれ」と言い募ってつきまとい、労働者が力関係の弱さから根負けして自分から言い出す形で辞めることになってしまったら、結局は義務のないことを強要されたことになり、法律が解雇を制限した意味がなくなってしまうからである。

このように、法の世界では、原則として使用者が「辞めてくれ」と労働者に呼びかけることと自体は自由であるが、その手法が常軌を逸したもので、かつ、労働者の雇用を脅かすものになった場合は、例外的に、その手法が不法性を帯びるという考え方を取る。実務上は、不法性の有無を区別する観点から、不法性のない場合を「退職勧奨」、不法性のある場合を「退職強要」と呼ぶことが多い。

ここで問題となるのは、どこまでが「退職勧奨」にあたり、どこからが「退職強要」にあたるかである。その見極めこそ、実は最も重要となる。

なお、F社事件の場合、問題になっているのは「雇い止め」である。退職勧奨、あるいは退職強要とは、期間の定めのない労働契約において無理矢理退職させようとする問題であるから、これらと同一視するのは厳密にいえば違うのではないかと思われるかもしれない。だが、F社事件は、前述した「雇い止めの法理」によって、更新が確実視される事件なので同様に考えて差し支えない。

さて、退職勧奨と退職強要の区分けについては、裁判でいかなる場合が退職強要として違法視されてきたかを考えることが参考になる。裁判例としては、下関商業高校事件（最高裁昭和55年7月10日判決）がある。これは、退職を勧奨された者の自発的な退職意思の形成を慫慂《しょうよう》する限度を超え、心理的圧力を加えて退職を強要したとされる事例である。裁判では、「社会的相当性を逸脱した態様での半強制的ないし執拗な退職勧奨行為は不法行為を構成する」と判断された。

この裁判例から類推すると、この、「社会的相当性を逸脱した態様での半強制的ないし執拗な退職勧奨行為」に該当するか否かというのが法的な基準となる。

しかし、この基準は曖昧すぎる。このあたりの判断は、第4章でも紹介したパワハラの判断基準で考えていくのがいいだろう。すなわち、「被害者基準の基準論」を用い、次に述べるようないくつかの諸事実を踏まえて、被害者からして了解し得る範疇《はんちゅう》のことであるか否かということで判定する手法である。

その言動の前と後の被害者の様子はどうだったのか。行われた行為やその現場の状況はどうだったのか。その行為が行われた回数、間隔、その状況に至るまでの経緯はどうだったのか。その行為は労働基準法や刑法などの法令に明確に触れる行為であるか否か。被害者の出勤状況や勤務態度への影響はどうだったのか。被害者がその行為をされた後、職場の同僚の誰かが何らかのフォローをしているか否か。それが労働条件上の対価関係に反映していたり、実際の労働条件に影響していたり、仕事を継続することが困難になったり、何らかの不利益が発生したりしていないか――これが、その諸事実である。

ただ、労働者に有利に働く事実――例えば、退職金の上乗せなど――の存在は退職を前向きに促すため、こうした場合は退職強要とは言いにくくなる。

F社事件の場合

では、本件のF社事件の場合、Yさんに対する面会及びその繰り返しは、「退職勧奨」の域を超え、「退職強要」のレベルに達しているであろうか。

これは正直なところ、微妙と言わざるを得ない。

まず、違法なものに近いベクトルとしては、短期間の間に複数回にわたって面会が行われており、F社が執拗に退職を求めている事実。なぜ、ほかの人ではなく、Yさんだけ「辞める」ということにしたいのか、明確な理由を説明できていない事実。その面会は、1時間に及ぶ場合もあった事実。退職勧奨を受けたときに、周囲の同僚はYさんに対してフォローするような行為を特にしていない事実。さらにYさんは、度重なる呼び出しに疲労し、心療内科を受診した事実。

逆のベクトルとしては、面会の中で使われている言葉遣いに乱暴なところはなく、終始丁重な姿勢でYさんに退職を依頼している事実。Yさんは、面会の間、冷静に対応し、自らの言い分についてもきちんと述べている事実。Yさんが病気を理由に面会を拒絶し始めると、それを簡単に受け入れている事実。別の日程を早急に提案していない事実。仕事の停滞といった影響、労働条件への影響は特にない事実。

以上の事実を考えると、F社の行為が「退職強要」にあたるかどうかは、少し難しいように思われた。

ちなみに、この点は裁判所での争いにならなかったため、ここでは正確な判断を述べることはできない。

事件の結末

さて、私がＹさんの代理人として交渉に乗り出したことに、Ｆ社側は驚いた様子だった。私は、Ｙさんの契約は当然更新されるべきものであること、11年の就労の実態に即してこの機会に正社員化し、引き続き現在と同じ部署で就労させるべきことを、強い文面で申し入れた。

これに対してＦ社は弁護士を介さず、人事部長名で、契約社員として適切に雇用管理してきたこと、Ｙさんについて雇用の更新をしなければならない義務はないこと、Ｙさんの処遇については慎重に検討していることが記載された文書を返信してきた。

言葉は毅然としたものではあったものの、雇い止めを通告する内容が含まれていないことに、私はＦ社サイドの態度を感じ取った。これはいけるかもしれないと、この返信を読んだときに思った。

Ｆ社は、Ｙさんを辞めさせようとすれば無理にでも辞めさせることはできたはずである。一方的に雇い止めを通告し、職場でもその準備を着々と進めればよい。しかし、Ｙさんから伝え聞く職場の状況は、Ｙさんを辞めさせる方向に動いていない。これは一体どういうことだろうか。

10月が終わりにさしかかる頃、F社は動いた。Yさんを「準社員」として扱い、別の部署での就労を提案してきた。就業規則を読むと、この「準社員」は定年が60歳で、期間の定めのない労働契約を意味するものだった。

正社員ではなく、労働条件も正社員に比べると多少不利な面は残っている。現在の部署からも異動させせられてしまうが、Yさんの雇用が保障され、ボーナス等が支払われることによって収入も100万円以上の増額を勝ち取れることになった。Yさんと協議した結果、私たちはこの提案を受け入れることとした。

11月1日、Yさんは、F社の準社員となって新たな部署で働き始めた。

以上をもって、本件は終結した。

F社事件を振り返って

契約社員が辞めさせせられそうになったというのに、それを止めるだけでなく、期間の定めのない雇用まで勝ち取ることができたというのは、かなり大きな成果である。このようなケースで、ここまでの成果を挙げられることは少ない。その意味では、うまくいった事件だ。

しかし、これは私の実力で勝ち取ったものではない。何より、Yさんの11年にわたる努力の成果であり、それをF社との面接で毅然と主張したからだ。一方、F社側にいかなる事情があったのかはわからないが、雇い止めを選択しなかった何らかの事情が働いたのかもしれない。私の仕事は、Yさんの奮闘の支えになることであった。それでも、労働者の権利の実現の役に立てたことは、本当に嬉しい出来事だ。

退職強要事件としては、この事件はソフトなほうである。「ブラック企業」などと呼ばれる企業ではこんなふうにはいかない。労働者に容赦ない罵声を浴びせ、退職強要を迫る会社は後を絶たない。

弁護士は、事態の渦中で問題を探知しても、職場に乗り込んで監視できるわけではない。その意味では、本件をはじめとする退職を迫るタイプの事件は、本当に歯がゆい思いをする。だが、私は今回のように、陰からでも人を支えることによって、これからも労働者の雇用を守ることに尽力したいと考えている。

第9章

では、どうするか

問題を二つに分けて考える

予防と具体的対処法

これまで、いくつかの事例を通じ、パワハラ問題の実態、内容、法的な視点、対応・解決方法に触れてきた。

パワハラ問題とはどのような問題を指すのか、それをどう見るかということについてはある程度ご理解いただけたのではないかと思う。

最後に残るのは、「では、どうするか」である。私が考え得る現状への対応の考え方とあり方について、本章では述べることにしたい。

パワハラ問題に取り組む場合、問題を二つに分けて考えることが肝心だ。その一つは、パワハラの予防という問題。もう一つは、パワハラ問題が発生したときの具体的対処法という問題である。

出発点

この点で、出発点としてまずとらえるべきは、第4章で紹介した、厚生労働省による円卓会議のワーキング・グループ報告書である。

この報告書では、パワハラ問題への対処として、次のような指摘がなされていた。

事業主は、職場のパワーハラスメントはなくすべきという方針を明確に打ち出すべきである。その上で、予防するための事業主への留意点として、

（1）トップのメッセージ
（2）ルールを決める
（3）実態を把握する
（4）教育する
（5）周知する

の対応を取ることを求めている。

また、問題が発生したときは、解決のために、

（1）相談や解決の場を設置する
（2）再発を防止する

といった対応を企業は早期に取り組むように求めている。

さらに地方自治体に対しては、パワーハラスメントの実態について把握して明らかにし、問題の現状や課題、取り組み例などについて周知告発を行うよう求めている。

パワハラ問題は労使双方の問題としてとらえるべき

第4章でも述べたが、ワーキング・グループの報告書による提案は、これまでの学問的議論を踏まえたものであり、極めて真っ当なものであるといえる。国がすべての企業や自治体に対して、「これだけはやっておこう」と提起し、それが実行されることは、パワハラの被害者にとって大きな救済になる。国は国で、人権の問題として、パワハラ根絶の道筋をぜひ作ってもらいたい。

私は、その上で、この問題は現場のレベルとしては、労使双方の問題としてとらえるべきだと考えている。

労働法にはそもそも、パワハラについて「○○をしてはいけない」といった明確な規定が存在しない。労働法は、労働条件については労働者の生活の最低限の基準を定める一方、それ以上の問題については労使双方が協議して合意形成することを求めている。

ワーキング・グループの報告書は、パワハラの問題が深刻な社会問題となってきているという認識で議論されているものではあるだろう。しかし、仮にナショナルミニマムとして何らかの基準が法定されるとしても、現場レベルでは、労使による何らかのルール作りが求められているといえる。

それは、労働安全衛生法が、長時間労働による労働者の健康障害の防止、及び労働者の精神的健康の保持増進を図るための対策の樹立に関する事項を、衛生委員会の付議事項としていることにも表れている（労働安全衛生法第18条1項、労働安全衛生規則第22条9号、10号。衛生委員会とは、常時50人以上の労働者を使用する事業主が、事業場ごとに設置しなければならない職場の委員会組織で、事業主に対して職場の安全衛生に関する事項を調査し意見を述べる機関のこと）。

以上の視点からすれば、パワハラ問題への取り組みは、単に事業主が努力をすれば済むという問題ではない。パワハラ問題への取り組みは、職場の労働者、あるいはその集団によっても問題にされるべきものなのである。

労働組合の出番

その意味では、労働者の集団である労働組合という存在が重要な鍵を握っている。

労働組合は、単に集団としての力を発揮するだけではない。法は、労働組合の活動を強力に保護している。そのため、労働組合と使用者との協議は特別な意味を持つ。

まず、憲法から見ていこう。憲法は、労働者に働く権利を認めるとともに（第27条）、団結権、団体交渉権、団体行動権を保障している（第28条）。この見地から、労働組合の活動と発展を保護する労働組合法が定められている。

労働組合法では、通常なら民事上、刑事上の責任が発生する場合でも、労働組合の正当な行為であればそれは免責するとしている（第1条、第8条）。また、使用者による労働組合の活動の阻害となる不当な行為を禁止している（第7条）。この中には、「団体交渉の拒否の禁止」という項目があり、会社は、労働組合の話し合いの申し入れ、つまり、団体交渉の申し入れについて拒否してはならないことになっている。

他方、労働組合法には、労働協約の保護に関する項目もある。

労働協約とは、労働組合と使用者とが、労働条件そのほかの事項について合意した協定で、合意内容について書面に作成され、両当事者が署名または記名押印したものをいう（第14

条）。労働協約に定めた内容のうち、労働条件その他の労働者の待遇に関する基準に違反する労働契約は無効とされ、無効となった部分は労働協約上の基準の定めるところによるとされる（第16条）。

つまり、労働協約は、法令に違反しない限り職場で最高の規範となり、もし労働協約と就業規則の内容が競合した場合は、就業規則は労働協約に反してはならないとされる（労働基準法第92条、労働契約法第7条、第12条、第13条）。

このように、労働組合は、労働者の使用者との交渉手段として、その活動が法律によって手厚く保障されている団体だ。そして、使用者が拒否することのできない団体交渉という手段は、実に強力な武器となる。また、労使の協議の結果、まとまったことが労働協約という形で結実すれば、それは、その職場にとって最高の規律になる。これもまた、やはり強力な武器だ。

労使による協議に特別な意味があるというのは、この意味においてである。

何より、そうした議論を労使の間でしっかり行うことで、職場全体にパワハラに対する問題意識が生まれ、その問題に対する取り組みの促進につながる。実は、労働協約が獲得されるということよりは、そういう効果のほうが大きいかもしれない。

職場環境そのものの問題

では、パワハラの予防のために労使はどう取り組んだらよいか。

これは、ワーキング・グループの報告書が検討課題として提起している点の具体化、ということがまず考えられる。ここでは、私の経験から二つの観点を提起したい。

第一に、パワハラは職場の問題であって、特定の誰かに還元されるべき問題ではない、ということを明確にとらえることだ。

パワハラ事件を担当していると、ときどき使用者側から、「いや、それは被害者も悪い。その被害者が職場の輪を乱したのだから」という抗弁を受けることがある。この使用者の論理では、問題を引き起こしているのは被害者だから、被害者が休職したり退職するなどして職場から去れば、問題の元凶が存在しなくなる、だから問題も解決するという理屈だ。

ところが、である。そういう抗弁を受ける場合に限って、被害者が去った後の職場ではパワハラがなくなり、平穏を取り戻しているかといえば、答えは絶対にノーだ。パワハラを生んだ職場は必ず新たな被害者を探し出し、今度はそちらに標的を移して攻撃を始める。

これはどうしてなのか、その理由は私にもよくわからない。しかし、本当に被害者個人の問題でパワハラが発生したという事例を、私は見たことがない。

ということは、被害者に原因があると決めつける職場ほど、問題はむしろ職場環境そのものにある、ということになる。

このように、問題を誰かの個性の問題に帰着させると、その処理を誤る。パワハラの予防のためには、パワハラは職場全体の問題として検討しておくべき課題であるという認識が重要だ。

繰り返しの教育

もう一つは、パワハラの予防には教育が不可欠だということだ。

ワーキング・グループの提案でも、「教育」ということが掲げられている。私は、この点については「教育の具体化」が肝要だと思う。それは、繰り返しの教育である。もっと具体的にいえば、職場全体や、管理職を対象とした研修の機会を繰り返し持つことが望ましい。

パワハラは、それまで社会が何となく許容していたことが問題になる場合も多い。加害者からしてみれば「愛の鞭」として行ったつもりの教育的指導が、パワハラとして問題になることだってある。したがって、パワハラとは何か、いかなる事に注意すべきかということについて、繰り返し問題意識を持つ機会を提供することこそ、職場に求められているといえる。人間、一度や二度勉強したくらいでは、それまで当たり前と思っていたことをそう簡単に改めることはできないものだ。

パワハラに遭遇した場合

さて、予防の話は以上として、ここからは労働者の立場で、では、「これはパワハラでは?」と思われるような出来事に実際に遭遇したときにはどうすればよいのかを考えてみよう。

私がまず勧めるのは、発生している現象を、第三者が後から理解できるようにするための事実の確保と相談である。

事実の確保とは、いつ、誰が、どこで、どんなふうに、何をしたかを明らかにしておくということである。言い換えれば、証拠を確保するということである。メモを取ったり、メールを紙ベースで確保したり、場合によっては音声記録を取っておくということになる。

パワハラか否かを検討するにあたっては、まずは、事実を確認できなければ話にならない。それはこれまで見てきた例からも明らかだろう。パワハラを防ぐためにも、相手が否定できない事実を確保しておくことは極めて重要である。証拠を確保しておくことは、自分の身を守る第一歩として考えて欲しいことである。

次に、相談である。

実際の被害者がパワハラか否かを判断するのは難しい。だから、パワハラの問題を扱っている専門家にきちんと相談し、「鑑定」を受けるのは大事だ。

相談相手は、労働問題を扱っている行政機関、労働組合、弁護士といったところになろう。本書の巻末に相談機関を掲載したので、それを参考にしていただきたい（２１２ページ参照）。

音声記録は活用すべき

証拠の確保に関連して、音声記録について述べておきたい。

近年、ＩＣレコーダーの普及によって、音声記録は以前に比べて簡単に、かつ音質もよく確保できるようになった。

パワハラ問題で相談を受けた際、私が音声記録の確保を勧めると、相談者の方は必ずと言っていいほど、「相手の承諾を得ずに録音してもいいのですか？」と質問される。

結論を言えば、「かまわない」のである。

民事訴訟では、音声記録が、相手の承諾を得ていないことを理由に証拠としての価値を認めないということは基本的にない。私もこれまで、パワハラ事件で数多く音声記録を証拠として使ってきた。第1章、第5章~第7章で紹介した事件で言葉の暴力部分を再現できたのは、音声記録が残っていたことが一つの理由である。

音声記録は、言葉を正確に再現できるだけでなく、その場の雰囲気や語調も含めて、すべてが明らかになる。パワハラの立証手段としてこれほど優れた方法はない。裁判所でも、事実の認定に際して多く活用されているのが実情だ。私は、この意味で音声記録の確保を勧めている。

確かに、相手に黙って録音するのは気持ちのよい話ではなく、日常的に推奨されるべき話でもない。その意味では、極めてイレギュラーなことを勧めていることは十分に自覚している。

しかし、パワハラの被害者は、自分が今まさに、人格の崩壊の危険にさらされているという現在進行形の現場に直面している。だから、音声記録を活用することは、自分の身を守る手段としてやむを得ない手段だと私は考えている。身の危険を感じたら、録音は手段として活用すべきだと私は考える。

早急なる公然化

パワハラが起きる職場とは、職場全体が大きなマイナスのエネルギーを持っていて、そのエネルギーを丸ごと被害者にぶつけているという印象が強い。

この視点に立つと、パワハラの被害者が重篤な精神疾患に陥り、社会復帰の困難が何年にもわたる理由がわかりやすくなる。被害者は、職場の負のエネルギーを一身に浴びる。だから比較的短期間の被害であっても、重篤な精神疾患を発症してしまうのである。

私はこうした現象から、パワハラとは、職場の負のエネルギーの集中砲火であると考えてきた。職場は、長時間労働であったり、ノルマであったり、営業成績の不良であったり、様々な問題を抱えている。職場の問題は、本来、労働者が団結して使用者に改善の要求をしたり、職場全体で話し合って打開の努力をしたりするべきものである。だが、どういうわけかそうした方法を取らず、職場の仲間の一部を「スケープゴート」にして、そこにストレス解消のための攻撃を集中させることで職場全体の秩序をなんとか維持するという構造が生まれる。

——私がこのような考えを持つに至ったのは数年前からだが、相談されるパワハラ問題の多くは、この考え方で説明できる場合が多いというのが実感で、パワハラ問題の全体の説明はできないとしても、当たっている部分は少なからずあると思っている。

だから、パワハラの問題を解決するためには、加害者にその行為を改めてもらう必要があると同時に、職場全体の考えを改めてもらう必要もある。

そこで、もしパワハラの事実を探知し、ある程度の事実を確認でき、これはパワハラだという鑑定もできたとき、パワハラが引き続き予想される場合には、「公然化」が必要になる。

それは、

被害者が、加害者に、「やめて欲しい」という意思を明確に伝える。

被害者が、パワハラの問題があるということを職場全体に伝える。

被害者が、その職場において権限のある使用者に対して対処を求める。

となる。

このとき、とりわけ使用者サイドがパワハラの事実についてまったく認識していなかった場合、相手が否定できない事実確認が役に立つのである。

他方、パワハラの問題を職場全体に伝えたとしても、職場の同僚の同意が得られないような状況であれば、自浄作用的に職場の問題を解決するのは難しくなる。

被害者が同僚に話しても同意を得られない場合というのは、二つのパターンが考えられる。一つは、被害を受けたと当事者が主張する原因の行為自体が、同僚の同意を得られる性質のものではなく、当事者だけが職場で浮いてしまって不平不満を抱いているというパターン。もう一つは、当事者が受けた被害そのものについては同僚も理解しているが、使用者の専制支配的な雰囲気への恐怖心などから、同調したくてもできないというパターンである。

労働組合の結成という手法

この公然化に際しては、通常、被害者自身が単独で、加害者、使用者に対して対応することになる。一方、代理人として弁護士を立てて対応する場合もある。

しかし、私はここで、「労働組合を結成し、その労働組合から加害者や使用者に対処を求める」ことを提唱したい。私が、相談に訪れる当事者に「労働組合作り」を一度は勧めるのは、パワハラが起きた職場で労働組合が結成され、解決の方向に向かって協議が始まるようであれば、それは基本的な解決のあり方として理想的なコースを辿るからだ。また、労働組合作りについての相談者のレスポンスを見れば、その職場の状況や相談者の置かれている立場を理解することもできる。

労働組合に依頼する場合の協議方法は、団体交渉となる。

これにはメリットとデメリットがある。メリットは、すぐに効果を挙げられる可能性が高い点だ。労働組合が使用者に対して職場の問題に対処すべきだと申し入れ、その結果、使用者が何らかの措置を取ってパワハラの原因が除去されるケースは現実に多く存在する。

一方、デメリットは、被害者が労働組合という存在に頼りすぎてしまい、現状の何が問題なのか、どうすれば解決できるのか、それを自分の頭で考えないまま事態が推移してしまうことがある点だ。労働組合とは、本来、そこに集まる労働者一人一人が主人公として活躍できる場であり、また、ほかの組合員の問題を自分の問題としてとらえ、自分にできる行動を取る場だ。だが、「労働組合に加入して解決をしてもらう」ということになると、本来その問題の主人公であるはずの被害者が主体的に行動することなく、いわば「プロに解決してもらって」終わってしまうことがある。弁護士に頼む場合はそれでよいのかもしれないが、労働組合に頼む場合は、本来のあり方に反してしまう。

問題が解決すればそれでいいではないかと思われるかもしれない。でも、私は、それでは職場の問題の根本的解決にならないと思う。

先に、パワハラは労使で協議しながら解決していく問題だということを述べた。パワハラが職場全体の問題であるなら、その問題は職場のどこにあり、その解決のためにはどうすればよいのか、それぞれの人がそれぞれの立場で解決のためにできることを模索するのが筋だろう。

パワハラの被害者が労働組合を結成し、労使協議開始の中心的役割を担えば、きっと、被害者自身が最も解放される。不幸な契機であったとしても、それを乗り越え、職場を働きやすいものに変えていく主役になれる。使用者の専制支配に苦しむほかの同僚たちにとっても、それは自分たちの人生を切り拓《ひら》く大切な機会になるはずだ。

使用者側の対応

問題が公然化されたとき、使用者側はどのような対応を取るべきだろうか。それは、ワーキング・グループの報告書にも示唆されている。すなわち、

(1) 相談や解決の場を設置する

(2) 再発を防止する

といった対応を早急に取ることである。

少し敷衍《ふえん》すると、まず何よりも、被害者・加害者に十分配慮しながら双方の主張を聞き、目撃していると考えられる関係者から事情を聴取して関係する資料を集めるといった方法を用い、事実を確認すること。そして、確認された事実に基づき、被害者への謝罪、加害者と被害者の分離、加害者への懲戒等の手続き、必要であれば賠償の手続きを行うこと。事態の教訓化を図り、職場にその教訓の浸透を図ったり、再発しないよう研修を行う等の措置を取ること——以上のような対処が必要だ。

肝心な点は、この一連の手続きを速やかに行うこと、中途半端には行わないことである。パワハラ被害者の傷を深くする原因に、事件後の職場の不誠実な対応に怒りが増幅した、というものがある。問題の処理に臨むのであれば、しっかりとした対応をすべきである。不十分な対応は問題を解決しないばかりか、被害者の怒りを増幅させ、かえって傷口を広げるだけである。

被害者の法的な対応

こうした道筋を経て、職場の問題が労使の自発的行動によって解決できる場合はよい。しかし、被害者の訴えを周囲がまったく聞いてくれなかったり、労使の話し合いが内容的にまとまらなかったりした場合、被害者は問題を個別的に解決することに進まざるを得ないことになる。本書で紹介した事例は、いずれも自発的な解決ができなかった結果、被害者が、法的な解決を求めて法律事務所の門を叩いた事例であった。

各章でも触れたが、このようなケースでは、私たち法律家としては、法律の議論にのっとって、行い得る手続きを取ることになる。法律の議論とは、第4章で紹介した、人格権の侵害、安全配慮義務・就業環境調整保持義務違反といったものである。そして、行い得る手段としては、労災認定の申請のほか、交渉、労働審判、裁判といったことになる。

労働災害とは、被害者が何らかの疾病を発症した場合、その原因が職場での業務に起因したものであると考え、治療費や休職した場合の休業損害などについて国から補償してもらう制度である。これは、「業務上」発生したことが要件となるため、「業務上」の発生を裏づける資料を整え、職場を管轄する労働基準監督署に対し認定の申請を行うということになる。

これは、交渉や裁判所での手続きとは別の手続きであり、それとは切り離して独自に、あるいは並行して行うことができる。現に第3章で紹介した清水は、裁判と並行して労災を申請し、これが認められ、国から医療費、休業損害に関する費用を受給しながら裁判を行った。

交渉は、問題の責任を取って欲しいという議論を、代理人が加害者や使用者に申し込んで協議する手法である。これは、労使の協議に比べれば、フランクなものではない。問題となる事実を特定し、それが法的にどのように評価されるかということを議論することになる。

こうした交渉で解決し得ない場合、裁判所での手続きとなる。それが、労働審判、裁判である。

労働審判と裁判の選択の基準

では、裁判所での手続きに進まざるを得ない場合、労働審判を選択するか、正式裁判を選択するかについてどのように考えるか。

この点については、もちろん相談者の意思がどこにあるかによっても異なるが、私は、極力、労働審判での解決が可能と考えられる場合は、労働審判を選択することにしている。

弁護士に相談するような問題については、誰しもが時間的に迅速に解決できればよいと願っている。その意味で迅速さは大切である。

もう一つ、パワハラ事件では迅速な解決が求められる事情がある。それは、被害者が精神疾患を患っている場合、その心の傷を一刻も早く癒す必要があるという事情である。

被害者は、過去に受けた傷について、その原因を作った人たちを許せないと思っていると同時に、その傷を振り返りたくないという思いも抱いている。私も、病気の状況を確認するために主治医を訪れて意見を聞く機会もあるが、多くの場合、医師からは、「こんなことは早く忘れたほうがいい」と言われる。だとすると、責任を取ってもらいたいという被害者の要求を、できるだけ早く実現することが望ましくなる。労働審判の選択をまず第一次的に考えるのは、こうした理由からだ。

ただし、労働審判の時間的制約、審理を3回しか開くことができない制約のもとでは、事実関係を十分に解明し得ないという問題がある。それでは被害者の救済にはならない場合には、裁判を選択する場合も発生する。

私は、以上の選択基準によって、用いる手法を選んでいる。本書で紹介した事例も、すべてその考え方に基づき、労働審判を選択できる場合は労働審判で、そうでない場合は裁判を選択して進めたものである。

いずれの手段も選択し得ない場合

しかし、世の中には使用者に向かっていくという手段を取れない人もいるだろう。そうした人たちは、最低限、自分が置かれている状況を正確に把握するために、相談だけはしてもらいたいと思う。そして、今後予想されるパワハラのため、健康に影響が及ぶと心配される状況では、その職場から一刻も早く離脱すべきである。離脱することによって職を失うことになるかもしれないが、生命と健康を損ね、何年も働けなくなるよりはマシである。労働者は、身体が資本なのだから。

第 10 章

精神疾患を発症した場合の労災認定

文字に残すことの重要性

精神疾患についての労災のハードルの高さ

本章は、第9章を補足する形で、精神疾患を発症した場合の労働災害の認定の問題について述べたい。

第9章で述べたように、パワハラを受けた場合、対抗できる法的手段の一つとして、国に労働災害を認定してもらうという方法がある。

労働災害（労災）とは、労働者が業務中、負傷（怪我）、疾病（病気）、障害、死亡する災害のことをいう。広義には、業務中のみならず、通勤中の災害も含まれている。労働者災害補償保険法（労災保険法）によって労災と認定されれば、国から現物（診療や薬剤、手術、入院など）と現金の保険給付を受けることができる。

パワハラの被害者は、これまで各章で述べてきたように、「うつ病」「うつ状態」といった、精神疾患に罹患して苦しむことが多い。身体的に健康な状態でいられなくなるだけでなく、就労そのものが困難となり、経済的な困窮状態にも陥る。パワハラの被害者が陥る精神疾患発症に対する救済は、実は非常に大切な課題である。

労災は、この問題に対する対応策として極めて重要である。労災制度を活用すれば、パワハラによって精神疾患にかかった場合でも、安心して治療を継続することができるし、休業補償により働けなくなったことによって失われている収入の喪失も補填《ほてん》できる。パワハラ被害者の救済としての役割は大きい。

しかし、現実には、この労災を認定させるまでの手続きが非常に煩雑であるという問題、そして、労災としてなかなか認定されないという問題が横たわっている。

実際、日本全国で、「ひどい嫌がらせ、いじめを受けた」という理由で精神疾患にかかり、労災と認定され、支給決定を受けた件数は、平成21年度は16件、平成22年度は39件と、極めて少ない。平成22年度に「職場のいじめ、嫌がらせ」を受けたとして労働局に寄せられた相談件数が約4万件であることを考えると、ごく少数の事例しか労災として認められていないことがわかる。

このように、労災は、認定されてしまえば被害者の救済の効果は高く極めて有用なのに、そこに至るまでのハードルが著しく高いという問題がある。

一体、なぜこんなことになっているのだろうか。そして、精神疾患にかかったことを理由に労災を認定してもらうためにはどうしたらよいのだろうか。

そのことを考えるには、労災認定の実務についてまず知る必要がある。

平成11年判断指針の策定

労災を認めてもらおうと考えた被害者は、まず、労働基準監督署に労災の支給請求をしなければならない。労働基準監督署では、その精神疾患が、「業務上」発生したものであると認められれば、支給決定を行うことになる。不支給決定をされた場合でも、被害者は、都道府県労働局に審査請求という不服申し立てを、都道府県労働局の決定に不服の場合には厚生労働省に再審査請求の申し立てを、さらに厚生労働省の判断に不満がある場合には、裁判所に訴えを提起することができる。なお、この制度は民間労働者の場合であり、公務員の場合には別の制度があるが、この制度も労災の制度と手続きはほぼ同様である。

そこで問題となるのが、いかなる場合が「業務上」発生したものであると認定されるか、その判断基準である。

この点について、従来、厚生労働省は、労働者の故意による死亡等の場合には保険給付を行わないという規定を根拠に、精神疾患を発症した結果、自殺したケースについて労災保険を適用しないという取り扱いをしてきた。

しかし、パワハラ事例の増加、それに伴う精神疾患を発症する患者の増加、精神疾患の結果としての自殺事例の増加を受けて、平成11年9月14日、『職場における心理的負荷評価表』

を含めた「心理的負荷による精神障害等に係る業務上外の判断指針」との基準を発表した（以下、「判断指針」という）。

この基準では、判断指針で対象とされている疾病に罹患していること、対象疾病発病のおおむね6ヶ月前に客観的に当該精神障害を発病させる恐れのある、業務による強い心理的負荷が認められること、業務以外の心理的負荷及び個体側要因によりその疾病を発病したとは認められないことが、「業務上」と認められるための要件となっていた。

このうち、「業務による強い心理的負荷」については「別表1」という表があり、この表に掲示されている事実が認められなければならず、しかも、その事実が心理的負荷の強度として「Ⅲ」に該当する場合でなければ、業務起因性は認められないとされていた。

判断指針の問題点

私の経験では、労働基準監督署長は、この基準を極めて形式的に適用し、「Ⅲ」に該当する事情がなければ、精神疾患に労災を認めないという姿勢を貫いてきた。この点が大きな問題で、この形式的な運用こそ、多くの事例を労災と認めることを阻んできた。個別のケースでどんなにひどいことがあっても、「Ⅲ」に該当する事実がなければ労災とは認められない。

「Ⅲ」に該当する事由とは、「大きな病気や怪我をした」「交通事故を起こした」「労働災害の発生に直接関与した」「会社にとって重大な仕事上のミスをした」「退職を強要された」であり、「上司とのトラブル」や、「仕事内容・仕事量に大きな変化があった」は「Ⅱ」であった。つまり、上司からいくら不愉快な言動を浴びせられても、そのことで精神的なダメージを受けても、上司から退職を強要されたことがなければ、別表の該当性は「Ⅱ」になり、「業務上」とは判断されず、労災とは認定されなかったのである。

多くの心ある労働組合や、労災に関わる人たちが、この運用を厳しく批判してきた。ケースによって、「Ⅲ」に該当する事由がなくても業務起因性を認めてよいケースはあるはずだからである。

認定のための条件の緩和

平成20年2月6日、厚生労働省は、平成19年10月31日に下された名古屋高等裁判所の判決を受ける形で、「上司の『いじめ』による精神障害等の業務上外の認定について」という文書を発表した。

名古屋高裁は、上司とのトラブルによる「Ⅱ」の心理的負荷にあたるとして、労働基準監督署が不支給決定を下した事案に対し、「Ⅲ」に修正させることが可能であると判断した。ケースによって心理的負荷が著しいと判断し得ることを、裁判所が認めたのである。

この判決を契機に厚生労働省は、「上司によるひどいいじめ、嫌がらせ」があった場合には心理的負荷の強度を「Ⅲ」に修正する、という内容の通達を行ったのだ。

それから約1年後の平成21年4月6日、厚生労働省は、判断指針の内容の変更の発表を行った。それは、心理的負荷の別表1に、「ひどい嫌がらせ、いじめ、又は暴行を受けた」を追加し、この心理的負荷の強度を「Ⅲ」とする、というものであった。

これは、増加し続けるパワハラと精神疾患に関する労災申請に対して、これまでの実務が硬直に過ぎることを認め、率直に心理的負荷が「Ⅲ」になる場合として「嫌がらせ」や「いじめ」を認めていこうという趣旨のものであり、前進と評価できるものであった。

このように、厚生労働省は、平成20年以降、「業務上」と認定されるための条件を緩和してきたのである。

新認定基準の策定

さらに厚生労働省は平成23年12月26日、精神疾患にかかった場合の労災を認定するための基準を新たに策定した。これまでの判断指針を変え、新たな判断基準を提示したのである。
(http://www.mhlw.go.jp/stf/houdou/2r9852000001z3zj.html)

厚生労働省は、「近年、精神障害の労災請求件数が大幅に増加しており、認定の審査には平均約8・6ヶ月を要しています。このため、審査の迅速化や効率化を図るための労災認定のあり方について」検討を重ねた結果、得られた報告をもとに新たな基準を策定したとした。

その内容は、次の通りである。

①わかりやすい心理的負荷評価表（ストレスの強度の評価表）を定めた。
②いじめやセクシュアルハラスメントのような出来事が繰り返されるものについては、その開始時からのすべての行為を対象として心理的負荷を評価することにした。
③これまですべての事案について必要としていた精神科医の合議による判定を、判断が難しい事案のみに限定した。

これによって、問題となり得る出来事がかなり細かく例示され、それらに該当するかしないかで心理的負荷の強弱の該当性を早期に決定でき、労災の支給、不支給の決定の判断が迅速化されると考えられる。

そして、従来の判断指針で指摘されていた問題も一部改善されることになった。

従来の判断指針は、発症前のおおむね6ヶ月前の間の出来事のみを評価の対象としていたが、それでは不十分だと指摘されてきた。しかし今回、「いじめやセクシュアルハラスメントのような出来事が繰り返されるものについては、その開始時からのすべての行為を対象とする」とされたのである。

また、従来の判断指針では、いくつかの要因が重なって精神疾患にかかった場合について、その要因の中から最も強いものを選び、それによって労災認定の可否を判断していた。だが、これが改められ、いくつかの要因がある場合には、それらを複合的に評価することとなった。

さらに、従来の判断指針では、すでに発病していたケースで、業務上の要因で悪化した場合は労災の対象とはしてこなかった。しかし、これも改められ、発症後でも特に強い心理的負荷があってさらに悪化した場合には労災対象となるとされた。

セクシュアルハラスメントについても、セクシュアルハラスメントの心理的負荷を「強」と評価する要因、行為の態様、その反復継続の程度を具体的に提示する形で基準が設けられた。

このように、判断指針で問題にされていたいくつかの出来事も含め、平成23年12月の新基準はハードルを下げ、労働災害を認定しやすい形に改めた。

このこと自体は、被害者の苦しみを緩和することに役立つものと期待したい。

労働基準監督署には、実態をよく分析し、実態の内容に応じて労災の支給決定の有無を判定してもらいたいと思う。

労災認定を得るためには

パワハラ事例の増加の実態に即した労災認定という点では、厚生労働省も従来のあり方を見直し、労災によって救済される被害者がより多く現れるように改善されてきたという点は評価できる。

ただ、新認定基準が、精神疾患が業務上発生したといえる事由を詳細にまとめただけに、これらの事由に該当する事実がなければ、労災とは認定されずに請求を早々に却下してしまうということも起こり得る。被害者にとって重要なことは、この新認定基準に沿った事実の存在を、どのように裏づけるかということになる。

この事実の存在の裏づけということでいえば、第9章までに述べてきたこと、とりわけ第

9章で述べたことを参考にして証拠を集める必要がある。

実際、労災では、ペーパーベースの資料が極めて重要になる。

裁判では、証人尋問に至るまでに裁判官が双方の主張を何度も聞き、証拠を出し合う中で事実関係を把握する。証人尋問では、紙に書かれていること以外のことについても確認することができる。しかし、労災の認定の手続きの場合はそうはいかない。労災の認定は、労働基準監督官が書類の証拠を集め、足りない部分は関係者の話を聞いてそれを聴取書にまとめ、そうした書類の中から認められる事実をもとに、「業務上」といえるか否かを判定する。

労働基準監督署の判断は、今回厚生労働省が提示した新認定基準がすべてである。形式的には基準に該当しないが、事件の内容全体から見ると「業務上」にあたる事件も当然存在し得る。労働基準監督署には、事件の内容に応じて判断するような裁量を発揮することはなかなか期待できない。労働基準監督署は、示された基準への形式的該当性がすべてなのである。

つまり、労災の認定にあたっては、書類がすべて、それも、新認定基準によって認められるものがすべてなのである。

長時間労働の場合は、厚生労働省が客観的記録によってその実態の把握を行うように事業主に対して命じていることもあり、タイムカードやパソコンの記録などによって事実を把握できる事例もそれなりにある。

しかし、言動による暴力の場合は、その場その場で起きることであり、事柄の性格上、文書に残る性質のものでもない。意識的に証拠を収集しなければ、言葉の暴力があったか否かについて、ペーパーベースで証明していくことは難しい。こんなことを言われる筋合いはないと感じたら、メモを取る、メールに書いて他の人に知らせておく、ＩＣレコーダーで記録を取る、といった対応が重要である。

友人や家族に話すことも一つの方法だが、裁判などで証明する方法としては問題はないとしても、紙に残すという方法に比べると劣る面があるのは否めない。もちろん、話を聞いた人が労働基準監督署で話して聴取を作成してもらうという形での書面化は可能である。ただ、人間の記憶は時間の経過とともに薄れ、曖昧になり、自分でも知らず知らずのうちに事実をすり替えることもよくある。したがって、人に話すというよりは、文字という形に残しておくことが、労災の認定のためには必要であるといえよう。

おわりに

　これまで、私が扱ってきたパワハラ事例を中心に、その実態、内容、深刻さ、それに対する法的な検討、対応方法などについて述べてきた。

　これらは私の体験に基づくものであるから、事実としては説得力を持つ（だからこそ、一冊の本にまとめることを考えた）。その反面、しょせんは一人の人間による推論、演繹《えんえき》できる議論にとどまる以上、見落としている問題も多いに違いない。

　こんな事例もある、この事例はどう見たらいいのか、こういうことは考えられないか、笹山のこの見解は間違っているのではないか――本書を読んでくださった方には、このような率直な感想、意見、批判をお寄せいただければ幸いである。いや、ぜひお寄せいただきたい。

私はこれからも、パワハラ事件を取り扱う弁護士活動を行い、被害者の救済に役立ちたいと考えている。今後の活動に、読者のみなさまからの声が力になる。

最後に、私は二つのことに確信がある。

一つは、労働法をきちんと活用することが、この問題を根絶する一つの手段として貢献できるということ。現状、労働法をきちんと定着させていない職場は、残念ながら、まだまだ多い。これまで述べてきたように、労働法には、労働者の人格権を保護しようという内容が含まれている。労働法が職場に根づいていないということは、労働者の人格権を大事にしようという思想が職場に根づいていないということである。

だから、労働法を活用しようというのは、ただ単に法に書かれていることを守ろうということだけではない。労働者の人格権を大事にする思想を職場に根づかせていこうとすることである。そうした思想が多くの職場に広がるとき、それはおのずと「パワハラはいけないよね」という職場の声を広げることにつながり、パワハラに対するブレーキとなる。

もう一つは、職場における人々の連帯の重要性である。パワハラという現象は、複数の人が同時に被害者になることは少ない。ある個人を侮辱し、侵害することであり、その個人を職場という社会から分断する現象である。個人の分断ではなく、人々の連帯というものがきちんと機能することが、パワハラをなくすことにつながっていくと考えている。

私がこう考えるに至ったのは、本書では紹介していないが、あるパワハラ事件を担当した経験による。それは、言葉の暴力によって職場から排斥された被害者が、20年に及ぶキャリアを無駄にされそうになった事件だった。ここでの労働組合の対応が、連帯することの重要性を私に教えてくれた。

その職場には、職員で構成される労働組合があったが、組織率の低さもあってパワハラ事件を現在進行形で把握していなかった。被害者が職場を追われてから初めて問題を探知した労働組合は、しかし、被害者はもう職場を去ったのだからといって見捨てることをしなかった。

問題を探知後、労働組合はただちに会社に団体交渉を申し入れ、加害者や、それを放置してきた会社の責任を追及した。その後、私は労働組合の依頼で裁判を担当することになったが、裁判では、正直に言って、パワハラの事実関係を十分に解明できたとはいえない結果に終わった。

だが、労働組合は、裁判と並行して、パワハラ問題の根絶と被害者の職の確保のために奮闘した。その結果、会社はパワハラ問題に対してきちんと取り組むことを約束し、被害者の就職斡旋を行ったのである。労働組合の活動で、被害者が一定の限度ではあるが救済され、職場のパワハラ問題を解決の方向に導くことができたのだ。

私は、人々の連帯の一つの理想形がここにあると思った。分断され、孤立させられたパワハラの被害者が、こうした形で連帯の輪の中に入ることができたとき、私たち法律家が裁判などで解決するより、被害者はもっと救われるのではないだろうか——そんな感想を抱いた。

多くの職場で、こんな人々の連帯が生み出されることを願っている。

本書とは直接の関係はないが、最近、私は、福島第一原子力発電所の事故被害者の救援のための弁護活動にも参加している。避難を余儀なくされた人たちは、地域社会の単位で、これまでの社会から分断されている。彼らの生活が再建されるためには、日本社会全体での連帯が求められていると痛感させられる。人々の連帯、その重要さを、骨身に沁みて痛感する昨今である。

本書を出版するにあたっては、前著『人が壊れてゆく職場』でも担当していただいた光文社新書編集部の小松現さんにお世話になった。私の思いを形にしてくれて、本当に感謝している。

また、パワハラの被害に遭いながら、私に事件を依頼してくれた労働者のみなさん、そこに関わった労働組合をはじめとする関係者のみなさんにも感謝したい。微力ではあるが、これからも最大限の努力をして、働く者の権利の獲得、維持、向上のための一翼を担い、よりよい社会の実現に向けて力を尽くしていきたい。そうすることが、みなさんへの恩返しにつながると信じている。

最後に、私の家族にも感謝したい。私のわがままな仕事ぶりを支えてくれる妻と、これから社会に出て行く子どもへ。子どもが社会に出て行くときには、パワハラという問題が、「ああ、そんな問題が昔はあったんだね。ひどい社会だったらしいね」といった形で振り返られる時代であることを願っている。

２０１２年４月　福島県飯坂温泉にて

パワハラ問題だけでなく、東日本大震災の被害からの復興が、
一人一人の市民の力で果たされることを願いつつ

笹山尚人

□東京都労働相談情報センター　☎03-5211-2200

東京都労働相談情報センターは、東京都産業労働局の出先機関。センター（飯田橋）と、大崎、池袋、亀戸、国分寺、八王子（以上、いずれも東京都）の5つの事務所で構成されている。それぞれの事務所で、労働相談などを行っている。

◆法律家団体

□日本労働弁護団　☎03-3251-5363

日本労働弁護団は、労働者と労働組合の権利のために活動している弁護士の団体。各種労働相談、訴訟活動に対する支援を行っている。本部と各地の労働相談ホットラインの情報は、日本労働弁護団のホームページ（http://roudou-bengodan.org）で紹介している。

□過労死110番全国ネットワーク　☎03-3813-6999

業務上の過労やストレスが原因で発病し、死亡したり重度の障害を負った場合について、労災の補償の相談を行っている。過労死弁護団全国連絡会議が中心になって答えている。相談は電話か面接で行っているが、全国各地の連絡先等は、過労死110番全国ネットワークのホームページ（http://karoshi.jp/）で紹介している。

□弁護士会

各地の弁護士会に法律相談センターが設置されている。詳しい情報は、それぞれのホームページで紹介されている。日本弁護士連合会（日弁連）のホームページ（http://www.nichibenren.or.jp/）には、全国各地の弁護士会の連絡先が紹介されている。

[労働相談窓口一覧]

【福岡】

	郵便番号	所在地	電話番号
☆福岡労働局 総合労働相談コーナー	812-0013	福岡市博多区博多駅東2-11-1 福岡合同庁舎新館5階企画室内	092-411-4764
天神 総合労働相談コーナー	810-0001	福岡市中央区天神2-14-2 福岡証券ビル6階	092-739-2790
☆福岡中央 総合労働相談コーナー	810-0072	福岡市中央区長浜2-1-1 福岡中央労働基準監督署内	092-761-5607
久留米 総合労働相談コーナー	830-0037	久留米市諏訪野町2401 久留米労働基準監督署内	0942-33-7251

*上記のほか、北九州東・門司・八女など、全14ヶ所にある。

【沖縄】

	郵便番号	所在地	電話番号
☆沖縄労働局 総合労働相談コーナー	900-0006	那覇市おもろまち2-1-1 那覇第2地方合同庁舎1号館3階	098-868-6060
☆那覇 総合労働相談コーナー	900-0016	那覇市おもろまち2-1-1 那覇第2地方合同庁舎1号館2階 那覇労働基準監督署内	098-868-8008
名護 総合労働相談コーナー	905-0011	名護市字宮里452-3 名護地方合同庁舎1階 名護労働基準監督署内	0980-52-2691

*上記のほか、宮古・八重山など、全6ヶ所にある。

□労働基準監督署

労働基準監督署は、労働基準法違反についての取り締まりを主な役割としている。そのため、労働問題に関するすべての相談を受け付けているわけではない。相談としては、前記の総合労働相談コーナーの窓口のほうが適切といえる。ただ、トラブルの原因が残業代の不払いなど、労働基準法に違反するものであるときには、労働基準監督署に違反の申告をすれば、使用者に対する是正勧告などの行政指導を行うため、結果的にトラブルを解決できる場合もある。

【東京】

	郵便番号	所在地	電話番号
☆東京労働局 総合労働相談コーナー	102-8305	千代田区九段南1-2-1 九段第3合同庁舎14階	03-3512-1608
☆有楽町 総合労働相談コーナー	100-0006	千代田区有楽町2-10-1 東京交通会館10階	03-5288-8500
☆新宿南 総合労働相談コーナー	151-005	渋谷区千駄ヶ谷5-27-7 日本ブランズウィックビル6階	03-5366-1191
☆中央 総合労働相談コーナー	112-8573	文京区後楽1-9-20 飯田橋合同庁舎6階	03-5803-7381

*上記のほか、上野・品川・渋谷・町田など、全21ヶ所にある。

【愛知】

	郵便番号	所在地	電話番号
☆愛知労働局企画室 総合労働相談コーナー	460-8507	名古屋市中区三の丸2-5-1 名古屋合同庁舎第2号館	052-972-0266
☆栄 総合労働相談コーナー	460-0008	名古屋市中区栄4-1-1 中日ビル10階	052-263-3801
☆名古屋北 総合労働相談コーナー	461-8575	名古屋市東区白壁1-15-1 名古屋合同庁舎第3号館8階 名古屋北労働基準監督署内	052-961-8653
☆名古屋東 総合労働相談コーナー	468-8551	名古屋市天白区中平5-2101 名古屋東労働基準監督署内	052-800-0792

*上記のほか、豊橋・岡崎・豊田など、全16ヶ所にある。

【大阪】

	郵便番号	所在地	電話番号
☆大阪労働局 総合労働相談コーナー	540-8527	大阪市中央区大手前4-1-67 大阪合同庁舎第2号館8階	06-6949-6050
☆労働なんでも相談室 アシストうめだ	530-0001	大阪市北区梅田1-1-3 大阪駅前第3ビル29階	06-4797-6307
☆大阪中央 総合労働相談コーナー	540-0003	大阪市中央区森ノ宮中央1-15-10 大阪中央労働基準監督署内	06-6941-0451
☆天満 総合労働相談コーナー	530-6007	大阪市北区天満橋1-8-30 OAPタワー7階 天満労働基準監督署内	06-6358-0261

*上記のほか、淀川・岸和田・堺など、全15ヶ所にある。

□派遣労働ネットワーク　☎03-5354-6250

派遣労働ネットワークは、派遣労働に関する問題について取り組んでいるNPO法人。労働相談を火曜と木曜の夜に行っている。詳細は派遣労働ネットワークのホームページ（http://haken-net.or.jp/）を参照。

□労働相談ホットライン　☎06-6361-8624

民主法律協会（http://www.minpokyo.org/）は、弁護士・学者と労働組合や市民団体が手を携えて、労働者と市民の権利を擁護する活動に取り組んでいる。毎週金曜日の18時～20時30分、電話での相談を行っている。

◆行政機関

行政機関も労働相談を行っている。

□総合労働相談コーナー

厚生労働省の地方機関である各都道府県の労働局が、総合労働相談コーナーを設けている。労働条件、いじめ・嫌がらせ、募集・採用など、労働問題に関するあらゆる分野についての労働者・事業主からの相談を、専門の相談員が面談または電話で受け付けている。本書では、北海道、東京、愛知、大阪、福岡、沖縄の情報を紹介する。これ以外の地域および最寄りの相談窓口に関しては、厚生労働省のホームページ（http://www.mhlw.go.jp/）にアクセスするか、相談窓口に問い合わせを。☆印がついている窓口には、女性の相談員がいる。

【北海道】

	郵便番号	所在地	電話番号
☆北海道労働局 総合労働相談コーナー	060-8566	札幌市北区北8条西2丁目1-1 札幌第1合同庁舎9階	011-709-2311
☆札幌 総合労働相談コーナー	060-0003	札幌市中央区北3条西3丁目1-47 NORTH3·3ビル4階	011-223-8712
☆札幌中央 総合労働相談コーナー	060-8587	札幌市北区北8条西2丁目1-1 札幌第1合同庁舎7階	011-737-1195

*上記のほか、函館・小樽・旭川・帯広など、全19ヶ所にある。

[労働相談窓口一覧]

＊2012年7月現在

日本全国には、労働相談に関する様々な団体や行政機関がある。困ったことがあったら一人で悩まず、自分に合った方法で相談してみよう。

◆ユニオン・労働団体

各地域のいろいろな労働組合・労働団体が、正社員・パート・アルバイト・派遣にかかわらず、労働相談に応じている。労働組合の結成や加入についての相談にも乗っている。

□連合　労働相談フリーダイヤル　　0120-154-052

連合（日本労働組合総連合会）は、日本で最大の労働組合。このダイヤルにかければ、かけた地域の連合につながる。連合のホームページ（http://www.jtuc-rengo.or.jp/）には、連合の地方組織の労働相談窓口の情報も載っている。

□全労連　労働相談ホットライン　　0120-378-060

全労連（全国労働組合総連合）も労働組合の全国団体。全労連のホームページ（http://www.zenroren.gr.jp/jp/index.html）には、全労連の地方組織の労働相談窓口の情報も載っている。

□全国ユニオン　☎03-5354-6251・6250

全国ユニオン（全国コミュニティ・ユニオン連合会）は、正社員・パート・アルバイト・派遣など、雇用形態および職種に関係なく、誰でも、一人から入れる地域のコミュニティ・ユニオンの連合体。全国ユニオンのホームページ（http://www.zenkoku-u.jp/）には、各地域のユニオンの連絡先が載っている。

□首都圏青年ユニオン　☎03-5395-5359

正社員・パート・アルバイト・派遣など、どんな働き方でも、誰でも、一人から入れる30代までの若者のユニオン。詳細は首都圏青年ユニオンのホームページ（http://www.seinen-u.org/）を参照。

笹山尚人（ささやまなおと）
1970年北海道札幌市生まれ。1994年、中央大学法学部卒業。2000年、弁護士登録。第二東京弁護士会会員。東京法律事務所所属。弁護士登録以来、青年労働者や非正規雇用労働者の権利問題、労働事件や労働運動を中心に扱って活動している。著書に、『人が壊れてゆく職場』（光文社新書）、『労働法はぼくらの味方！』（岩波ジュニア新書）、共著に、『仕事の悩み解決しよう！』（新日本出版社）、『フリーターの法律相談室』（平凡社新書）などがある。

それ、パワハラです　何《なに》がアウトで、何《なに》がセーフか

2012年7月20日初版1刷発行

著　者—笹山尚人
発行者—丸山弘順
装　幀—アラン・チャン
印刷所—萩原印刷
製本所—榎本製本
発行所—株式会社光文社
東京都文京区音羽1-16-6(〒112-8011)
http://www.kobunsha.com/
電　話—編集部03(5395)8289　書籍販売部03(5395)8113
業務部03(5395)8125
メール—sinsyo@kobunsha.com

ISBN 978-4-334-03694-2

580
戦略人事のビジョン
制度で縛るな、ストーリーを語れ

八木洋介　金井壽宏

人事の最も大切な役割とは？　NKKやGEで人事部門を歩んできた「人事のプロ」と組織行動研究の第一人者が、いま、会社が「勝つ」ために必要な考え方を綴った、稀有な一冊。

978-4-334-03683-6

581
インクジェット時代がきた！
液晶テレビも骨も作れる驚異の技術

山口修一　山路達也

日本のものづくりを救う鍵は「インクジェット」。年賀状から、食べられるお菓子、DNAチップ、はては人工臓器まで「印刷」しうるこの技術が、ライフスタイルを大きく変える！

978-4-334-03684-3

582
商店街はなぜ滅びるのか
社会・政治・経済史から探る再生の道

新雅史

極めて近代的な存在である商店街は、どういう理由で発明され、繁栄し、そして衰退したのか？　再生の道筋は？　気鋭の社会学者が膨大な資料で解き明かす。上野千鶴子氏推薦！

978-4-334-03685-0

583
東京スカイツリー論

中川大地

なぜ建てられたのか？　開業までにどんな過程があったのか？　建築史や都市論の観点から見た意義は？　21世紀を代表するランドマークに様々な角度から迫る！

978-4-334-03686-7

584
鉄道会社はややこしい

所澤秀樹

たとえば直通運転では、鉄道会社どうしは車両や線路、駅を貸し借りし、それらの使用料を清算している。その仕組みは複雑怪奇だが、読むと楽しい、電車に乗ってみたくなる一冊。

978-4-334-03687-4

585
孫正義　危機克服の極意
ソフトバンクアカデミア特別講義

孫正義氏が直面した10の危機を取り上げ、どう乗り越えたかを解説。ベストセラー『リーダーのための意思決定の極意』の第二弾。第二部はツイッターを中心とした孫氏の名言集。

978-4-334-03688-1

586
医師のつくった「頭のよさ」テスト　認知特性から見た6つのパターン
本田真美

「モノマネは得意?」「合コンで名前と顔をどうおぼえる?」「失くし物はどう捜す?」…35の問いで知る認知特性が「頭のよさ」の鍵を握る。自分に合った能力の伸ばし方がわかる一冊。

978-4-334-03689-8

587
「ヒキタさん! ご懐妊ですよ」　男45歳・不妊治療はじめました
ヒキタクニオ

精子運動率20%からの出発…45歳をすぎ思い立った子作りで男性不妊と向き合うことになった鬼才・ヒキタクニオの、5年の懐妊トレの記録。角田光代氏も泣いた〝小説のような体験記〟。

978-4-334-03690-4

588
ルネサンス　歴史と芸術の物語
池上英洋

15世紀のイタリア・フィレンツェを中心に、古典復興を目指したルネサンス。それは何を意味し、なぜ始まり、なぜ終わったのか——。中世ヨーロッパの社会構造を新視点で解く。

978-4-334-03691-1

589
ただ坐る　生きる自信が湧く　一日15分坐禅
ネルケ無方

悩みの多い現代人は常に〝考え〟ていて〝頭でっかち〟。坐禅という「考えない時間」をつくることで、一日の内容から、人生そのものまで変わる! 今日から始める坐禅の入門書。

978-4-334-03692-8

光文社新書

590
日本の難題をかたづけよう
経済、政治、社会保障、医療、エネルギー

安田洋祐　菅原琢
井出草平　大野更紗
古屋将太　荻上チキ
＋SYNODOS編

「ダメ出し」ではなく「ポジ出し」を！——経済、政治、社会保障、医療、エネルギー各分野の気鋭の研究者、当事者が、日本再生のための具体的な戦術、政策を提案する。

978-4-334-03693-5

591
それ、パワハラです
何がアウトで、何がセーフか

笹山尚人

急増する社会問題の背景に何があるのか。「言葉の暴力」「長時間労働」「退職強要」など、パワハラの実例を中心に弁護士が解説。管理職のみならず、ビジネスパーソン必携の一冊。

978-4-334-03694-2

592
なぜ、「怒る」のをやめられないのか
「怒り恐怖症」と受動的攻撃

片田珠美

怒りは抑えたり、無かったことにしても必ず再び現れ、自分や人間関係を傷つける。しつこい怒りを醸成する依存や支配、競争関係に着目し事例を分析。怒りを大切にする方法を説く。

978-4-334-03695-9

593
催眠術の教科書
誰でもすぐできる

林貞年

人の無意識に働きかけて心を操る究極の心理学「催眠術」。催眠誘導の環境づくりから実践テクニック、成功率の上げ方まで、第一人者が一挙公開。これ一冊であなたも催眠家に！

978-4-334-03696-6

594
ロマンポルノの時代

寺脇研

終焉後、四半世紀近く経った今も、人々の記憶に強く残り続ける「日活ロマンポルノ」。本書は、映画評論家として深く関わってきた著者による、18年間の愛とエロスの総括である。

978-4-334-03697-3